LES FINANCES

LA POLITIQUE

1354

Paris. — Imprimerie de Ch. Lahure, rue de Fleurus, 9

LES FINANCES

ET

LA POLITIQUE

DE L'INFLUENCE DES INSTITUTIONS POLITIQUES
ET DE LA LÉGISLATION FINANCIÈRE SUR LA FORTUNE PUBLIQUE

PAR

M. CASIMIR PERIER

PARIS

MICHEL LÉVY FRÈRES, LIBRAIRES-ÉDITEURS
RUE VIVIENNE, 2 BIS, ET BOULEVARD DES ITALIENS, 15
A LA LIBRAIRIE NOUVELLE

—

1863

Ce volume a été livré à l'impression au moment où je quittais Paris, au commencement du mois de mai, pour aller, dans le département de l'Isère, accepter les chances d'une candidature au Corps législatif. Les poursuites qui ont été dirigées contre moi, à l'occasion de cette candidature, et qui ont abouti à un arrêt d'acquittement devant la Cour impériale de Grenoble, m'ont retenu loin de Paris jusqu'aux premiers jours de juillet. Pendant ce temps il est survenu, dans l'organisation ministérielle et dans les rapports futurs du pouvoir exécutif avec les corps délibérants, des changements qui m'engagent à ajouter ces quelques lignes en tête des exemplaires déjà tous prêts.

Sans que je veuille ni que je puisse, dès à présent, porter un jugement définitif sur l'ensemble des mesures inaugurées par les décrets du 23 juin, je suis fort éloigné de leur refuser une signification dont l'expérience seule fixera l'étendue. C'est incontestablement un pas fait vers la voie que, dans les pages suivantes, j'ai conseillé d'adopter.

Celui qui, la plume à la main, examine

les systèmes et discute les moyens de gouvernement, va droit au fait. Ceux à qui appartient l'action ont à tenir compte, il est
juste de le reconnaître, d'éléments dont la
théorie fait volontiers abstraction et rencon-
trent des difficultés qui ne peuvent être toutes
surmontées aussitôt qu'abordées. La patience
ne manquera à personne quand l'arrivée au
but ne sera, bien décidément, qu'une question de temps et que chaque jour rapprochera
de ce but, trop lentement peut-être, mais
sûrement.

Les circonstances au milieu desquelles ont
été rendus les décrets du 23 juin et qui les
ont probablement déterminés, ont beaucoup
fait pour que ces décrets fussent accueillis avec
faveur. La période électorale, qui aurait dû
être une période de liberté relative, venait
d'être marquée par des procédés administratifs

fort regrettables. Sous la direction d'un ministre dont les actes formaient, avec le langage encore récent, le plus bizarre contraste, la pression gouvernementale avait pesé sur le corps électoral d'un poids encore inconnu; des candidats, engagés par serment à respecter les institutions et le souverain, n'avaient pas trouvé, dans le Sénatus-Consulte du 17 février 1858, la protection que semblaient devoir leur assurer les obligations auxquelles ils étaient assujettis; plusieurs avaient été dénoncés comme ennemis du bien public et traités comme tels. La presse avait été l'objet de rigueurs excessives et si peu motivées que, presque partout où les décisions administratives ont fait place aux arrêts de la justice, les prévenus ont été acquittés. Les populations s'étaient senties contraintes; elles étaient inquiètes et troublées. Elles respirèrent lorsqu'elles purent espérer que des temps plus calmes allaient succéder aux jours d'une politique ardente et peu tolérante....

Je n'entreprendrai pas (on le comprend aisément) de traiter, d'une façon incidente et sommaire, les questions constitutionnelles, présentes ou futures, posées plutôt que résolues dans la Note dont le *Moniteur* a fait suivre les décrets constitutifs de la nouvelle organisation ministérielle. Je me renferme dans le seul objet que je me sois ici proposé : donner acte d'un progrès ; rester fidèle au programme que je résumais en ces mots, alors que je m'offrais aux suffrages de mes concitoyens :

« La véritable indépendance n'admet pas
« plus l'opposition systématique que la sou-
« mission complaisante, et le député con-
« sciencieux, en combattant la politique qu'il

« croit mauvaise, n'hésite jamais à donner son
« appui aux mesures utiles [1]. »

Que les hommes placés par la confiance du
Souverain à la tête de l'administration ne voient
pas un ennemi dans tout contradicteur ; qu'ils
laissent discuter leurs actes au lieu de se servir, pour échapper à la critique, des rigueurs dont les arme le régime exceptionnel de la presse ; qu'ils ne transforment pas,
trop aisément, en offenses à l'Empereur et en
attaques contre les lois, l'examen et la discussion des mesures adoptées par le pouvoir,
et ils ne tarderont pas à recueillir les fruits
de leur modération ; ils verront qu'aux gens
de bonne foi la liberté impose la justice,
et que l'honnête homme à qui l'on rend
le droit de blâmer ce qui lui semble mal,

---

1. Circulaire adressée, le 8 mai, aux électeurs de la première circonscription de l'Isère.

contracte l'obligation et recouvre la faculté de louer ce qu'il trouve bien.

N. B. Il s'est glissé dans l'impression de ce livre, dont les épreuves n'ont pu être revues avec assez de soin, quelques erreurs qui n'ont pas d'importance et que le lecteur rectifiera aisément. Il en est une qu'il semble utile de signaler :

Page 196, deuxième ligne, *au lieu de* 2.335 *il faut lire* 2.207; cinquième ligne, *au lieu de* 8.719 *il faut lire* 8.691; sixième ligne, *au lieu de* 2.179 *il faut lire* 2.173.

TABLE DES CHAPITRES.

AVANT-PROPOS

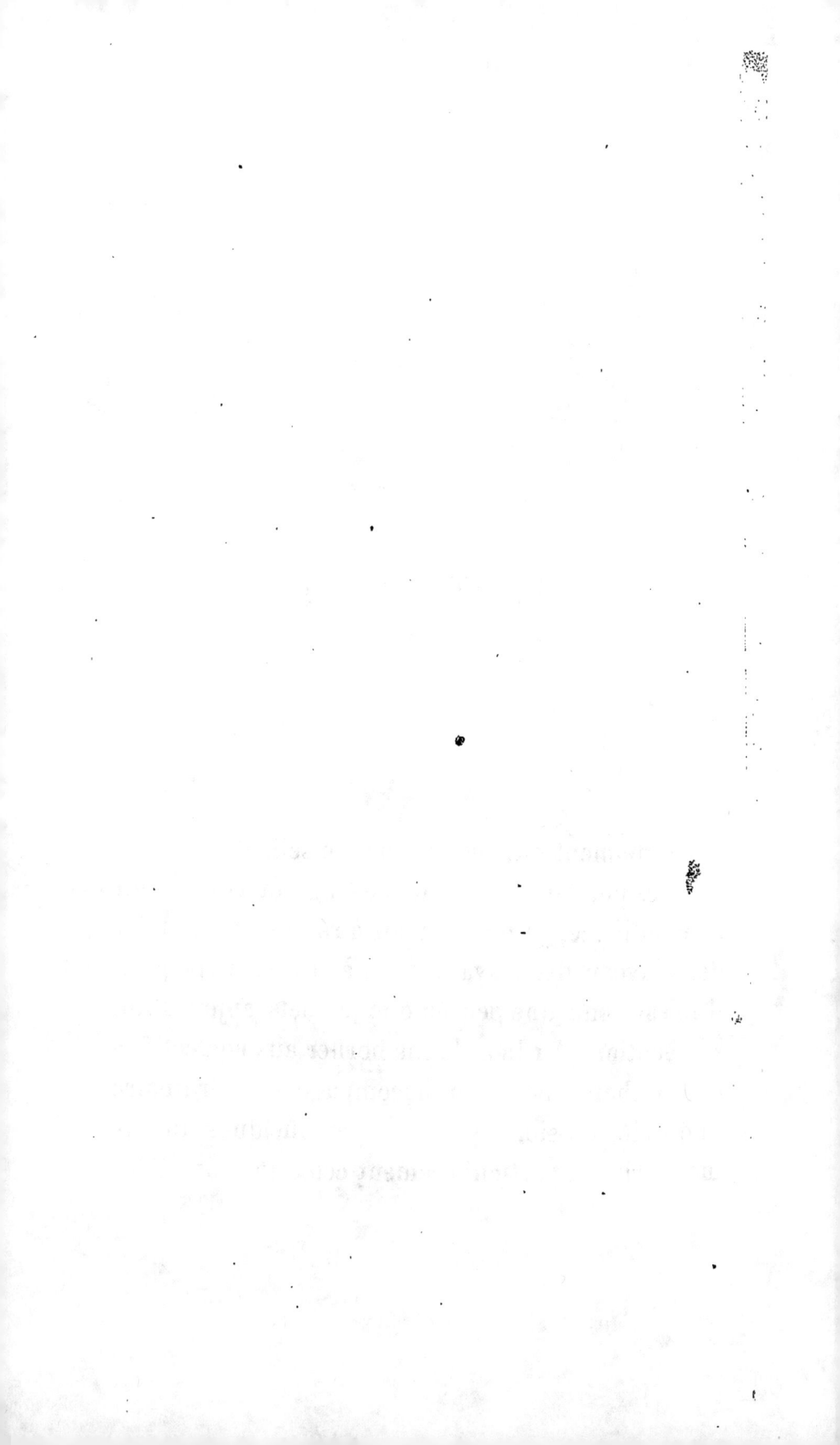

AVANT-PROPOS.

Au moment où, cédant aux conseils d'amis trop éclairés pour que je me tienne en garde contre leur bienveillance, je me décidais à réunir et à publier de nouveau des travaux faits à diverses époques, il m'est venu une pensée que je mets aujourd'hui à exécution. Au lieu de me borner aux corrections et aux changements qui accompagnent d'ordinaire une réimpression, j'ai cru que quelques-uns de mes écrits et particulièrement ceux qui sont rela-

tifs aux finances [1] auraient un caractère plus utile
et plus durable si, les fondant ensemble, supprimant tout ce dont l'intérêt pourrait être affaibli,
ajoutant ce que l'expérience m'aurait appris et ce
que de judicieuses critiques m'auraient suggéré,
je faisais un ensemble de ces parties distinctes.
J'ai été ainsi entraîné, peu à peu, à transformer
complétement une série d'études successives ; je
leur ai substitué une sorte d'aperçu historique
des modifications survenues dans la législation
financière depuis la chute de la monarchie repré-

---

1. Ces écrits sont :

1° Les finances de l'Empire.
> (*Revue des Deux Mondes* du 1er février 1861).

2° La réforme financière.
> (*Revue des Deux Mondes* du 15 février 1862).

3° Le budget de 1863.
> (*Revue des Deux Mondes* du 1er mai 1862).

4° La situation financière en 1863.

Ce dernier écrit, destiné à la *Revue des Deux Mondes*, n'ayant
pu être inséré, a été publié en brochure chez Dentu, en janvier 1863.

Je ne dissimule pas que la forme nouvelle donnée à ces travaux a pour moi un inconvénient. Je paraîtrai exprimer des jugements sur des faits accomplis, là où bien souvent j'ai parlé
avant l'événement et prévu ce qui est arrivé. Mais la clarté
est plus grande, l'enchaînement plus logique, la démonstration
me paraît plus rigoureuse ; c'était assez pour que je ne dusse
pas hésiter.

sentative, suivi d'un tableau de l'accroissement
des budgets et de la dette publique.

S'il est des intérêts dont la protection efficace
ne puisse être assurée sans le libre contrôle et
sans le libre vote des représentants de la nation,
seule garantie certaine de ce contrôle, à coup sûr
ces intérêts sont ceux de la fortune publique. Les
pays longtemps soumis au despotisme ont de mauvaises finances ; les pays libres sont les seuls où le
crédit reste fermement assis, où les impôts soient
facilement perçus, où la richesse publique soit
prudemment ménagée. Les preuves en sont à chaque page de l'histoire de tous les temps et de tous
les peuples.

Quelle que soit, en effet, la forme du gouvernement, tous ceux à qui appartient le pouvoir ou
qui en exercent la délégation, souverains ou ministres, sont entraînés vers la dépense. Il ne faut
faire à personne un crime de cette tendance. Elle
est naturelle ; et, quand elle ne conduit pas trop
loin, elle est légitime. On ne fait de grandes choses qu'avec de l'argent. M. le baron Louis avait
coutume de dire à ses collègues : « Faites-moi de

bonne politique et je vous ferai de bonnes finances. » La réciproque est d'une vérité non moins
rigoureuse ; de bonnes finances sont le puissant
auxiliaire d'une bonne politique.

Dans un gouvernement bien pondéré, une lutte
constante et salutaire s'établit donc entre ceux qui
sont chargés de la dépense et ceux dont le rôle est
de la modérer ; le ministre des finances doit être
un intermédiaire entre eux, conseillant aux uns
de ne demander que ce qui est indispensable,
s'efforçant de convaincre les autres de la nécessité
de l'accorder.

Lorsque ces tempéraments n'existent pas, lorsque les ministres n'ont à rendre compte de leur
administration qu'à celui dont ils reçoivent des
ordres, lorsque la même main qui dépense puise
à volonté dans le trésor, si une volonté ferme ne
résiste pas à tous les entraînements, les charges
sans limites ne tardent pas à succéder aux dépenses sans frein.

Chaque jour plus convaincu des heureux résultats qu'assure l'intervention directe et libre des

représentants de la nation dans le règlement de ses intérêts, je me suis proposé de prouver la nécessité de cette intervention, moins encore par la discussion théorique des systèmes que par la comparaison des dépenses et des charges publiques, sous les divers gouvernements qui se sont succédé en France depuis quarante ans.

CHAPITRE I

LE VOTE DES LOIS DE FINANCES ET LA LÉGISLATION

DES CRÉDITS SUPPLÉMENTAIRES

CHAPITRE I.

La comptabilité des deniers publics est ex-
cellente en France et, grâce aux règles et aux
traditions qui y président, grâce à la surveillance de la cour des comptes, le contrôle
purement administratif est certainement le
plus parfait qu'il y ait au monde. Sous ce

rapport les progrès ont été constants. Il est donc difficile, il est même à peu près impossible que des détournements aient lieu dans le maniement des fonds de l'État. Ce n'est que par des moyens indirects, par abus de pouvoir ou d'influence que des dépositaires infidèles de l'autorité pourraient porter atteinte aux intérêts de l'État. Contre ce genre de périls la liberté de la presse est la plus sûre garantie. M. Casimir Perier, montant pour la première fois à la tribune de la chambre des députés, dans la discussion de la loi sur la presse en 1817, s'exprimait ainsi : « La liberté des journaux a un avantage que j'ai d'autant plus à cœur d'établir qu'il a rapport aux objets qui me sont le moins étrangers. Elle est une des bases du crédit public; ce crédit n'existera point tant qu'il faudra lire des volumes pour avoir une idée nette de votre situation financière, tant que vos opérations seront préparées dans

l'ombre. Les affaires d'argent doivent être
claires comme le jour; la publicité seule dé-
joue les manœuvres intéressées et fait avorter
les plans spécieux suggérés par l'égoïsme,
et souvent quelques lignes d'un journal pro-
voquent une discussion qui rétablit la confiance et dissipe toutes les alarmes. »

Mais, il ne faut pas l'oublier, la comptabilité n'est qu'un contrôle matériel; elle n'in-
flue pas sur la direction, dont elle reste
l'instrument docile, semblable à ces machines
puissantes qui, obéissant à une impulsion
donnée, peuvent employer leurs forces à détruire aussi bien qu'à créer. Une comptabilité
parfaite empêche les malversations ou les
fait promptement découvrir; elle ne peut rien
ou presque rien pour le bon gouvernement
des finances. C'est aux représentants seuls de
la nation qu'il appartient d'exercer, sur l'administration de la fortune publique, l'influence
prépondérante dont toutes les constitutions et

toutes les chartes depuis 1789 leur ont reconnu le droit, mais dont, en fait, l'exercice, plus ou moins étendu, plus ou moins libre suivant les formes de gouvernement, se trouve aujourd'hui entouré, par la constitution de 1852, d'entraves dont le décret du 24 novembre 1860 et le sénatus-consulte du 31 décembre 1861 n'ont pas assez fait pour l'affranchir.

Le vote de l'impôt, attribué aux assemblées délibérantes sans le droit de régler et de contrôler la dépense, n'est qu'une garantie illusoire. La seule sanction efficace de ce double droit est dans la faculté, pour les représentants de la nation, de modifier les propositions du budget et dans l'obligation, pour le pouvoir exécutif, d'observer la spécialité des dépenses votées.

Si, pour apprécier, sous ce double aspect, les divers systèmes qui ont tour à tour prévalu et pour comparer les résultats, il est nécessaire de jeter un coup d'œil sur les antécédents du gouvernement représentatif en France, il faut ne pas oublier que faire ici plus qu'une revue sommaire serait entreprendre un véritable traité de droit constitutionnel.

Le mode de présentation et de délibération des budgets a été, aux diverses époques de notre histoire parlementaire, l'objet de règles différentes et les prérogatives des Chambres se sont accrues de 1815 à 1852. La loi du 26 mars 1817 les avait fixées et restreintes dans des limites assez étroites. Les principes posés par cette loi et la jurisprudence parlementaire à laquelle ces principes servirent de base, jusqu'en 1827, peuvent se résumer ainsi : Le budget était divisé en trois parties, — budget de la dette consolidée et de l'amortissement, — budget des dépenses ordinaires, — budget des dépenses extraordinaires. Les crédits étaient présentés pour chaque budget. Un

état séparé, annexé à chaque budget, faisait
la répartition des crédits entre les divers services des ministères. Les chambres ne vo-
taient pas les dépenses. Elles ouvraient les
crédits, qu'elles pouvaient accorder, refuser
ou réduire. Elles possédaient donc un droit
important que le corps législatif n'a pas aujourd'hui, le droit d'amendement. Toutefois,
le tableau des dépenses n'étant présenté pour
ainsi dire qu'à titre de renseignement, la discussion seule indiquait la spécialité à laquelle
la chambre entendait appliquer la réduction;
le vote ne portait que sur les voies et moyens et
ne se formulait que par une diminution dans
l'ensemble des crédits; il en résultait qu'en
définitive les ministres, qui avaient le droit
de proposer au roi une nouvelle répartition
des crédits accordés[1], n'étaient pas rigoureuse-

1. « La répartition que les ministres auront faite, entre
les divers chapitres de leurs budgets particuliers, de la
somme allouée par le budget général pour le service de

ment tenus d'observer les décisions de la chambre. Mais une obligation morale pesait sur eux, et on comprend aisément de quelle valeur était cette obligation pour des ministres responsables, appelés chaque jour à rendre compte de leurs actes, à défendre leur administration et leur politique et qu'un vote d'hostilité ou de défiance contraignait de déposer leurs portefeuilles entre les mains du roi.

La minorité, longtemps réduite à un petit nombre de députés mais forte de l'énergie et du talent oratoire de quelques-uns de ses membres, ne cessa de lutter pour que la spécialité des dépenses, à peu près établie de fait, fût consacrée par le droit rigoureux. Toutefois, ce n'est qu'en 1827 que M. de Vil-

chaque ministère, devra être soumise à l'approbation du roi et toutes les parties de ce service devront être réglées de manière que la dépense ne puisse excéder le crédit en masse ouvert à chacun d'eux.

« Ils ne pourront, sous leur responsabilité, dépenser au delà de ce crédit. » (Loi du 26 mars 1817 ; article 151.)

lèle se décida à donner une satisfaction partielle à des vœux auxquels, à mesure que la
monarchie s'était consolidée, on avait vu
s'associer de plus en plus les hommes dont la
loyauté et la fidélité devaient être le moins
suspectées. L'ordonnance du 1er septembre
1827 divisa le budget des dépenses en sections
sur lesquelles la chambre fut appelée à voter
et pour lesquelles la spécialité dut exister
d'une manière absolue. Mais les événements
marchaient; d'autres questions, plus propres
que les questions financières à passionner les
esprits, divisaient les partis et agitaient le
pays. Les hommes qui auraient pu sauver la
monarchie par leur sagesse furent écartés de
ses conseils et les ordonnances de juillet 1830
devinrent le signal d'une révolution.

Le rapporteur du sénatus-consulte du 31 décembre 1861 [1], après avoir rappelé que l'or-

---

1. M. Troplong, président du sénat.

donnance de septembre 1827, dictée à M. de Villèle par l'espoir de conjurer l'opposition à la veille des élections, ne l'empêcha pas de succomber dans cette lutte, ajoute : « Un pouvoir affaibli s'affaiblit encore plus par les concessions. » Cette réflexion, qui peut être juste en certaines circonstances, ne saurait s'appliquer aux événements qui suivirent et, malgré le voile qui semble envelopper la pensée du rapporteur du sénat, évidemment si peu sympathique aux réformes dont il était chargé de formuler la proposition, il est difficile de supposer qu'il ait voulu aller jusqu'à faire entendre qu'en juillet 1830 la monarchie se soit perdue par des concessions.

Si le tort des gouvernements est trop souvent d'exagérer leur principe, tel est surtout l'écueil des révolutions. La révolution de 1830 n'évita pas cet écueil en ce qui concerne les budgets. On passa sans transition d'un extrême à l'autre; la division des chapitres devint infinie, et, aucune somme ne pouvant être reportée d'un chapitre à un autre, la spécialité s'étendit au point de devenir, en certains cas, une véritable gêne pour l'administration. Aussi est-ce avec grande raison que M. Thiers résista de toutes ses forces à cette tendance. Il soutint, comme commissaire du gouvernement [1], que s'il fallait assurer les droits de la chambre, il fallait en même temps laisser au gouvernement une certaine liberté d'action ; il s'écria, avec autant d'esprit que de sens : « Grand contrôle après, soit ; mais un peu de confiance avant. » M. Thiers était profondément dans la vérité, car il parlait à une chambre qui ne manquait pas de moyens de faire respecter les engagements pris vis-à-vis d'elle et de punir ceux qui auraient tenté de s'y soustraire.

La restauration avait duré quinze ans ; la

1. *Moniteur* de 1830, page 1547.

monarchie de Juillet a duré dix-huit ans. Aucune forme de gouvernement depuis 1792 n'a
fourni, en France, une aussi longue carrière.
Ce gouvernement est tombé à son tour et il
est aujourd'hui de mode de le décrier. Ce
n'est point ici le lieu de prendre sa défense;
mais, en se renfermant dans le cercle de ces
études, il est permis de dire que si les pré-
tentions parlementaires apportèrent quelquefois de fâcheuses entraves à l'administration,
que si les ministres eurent à lutter tantôt
contre des économies mal justifiées, tantôt
contre des velléités de dépenses mal enten-
dues, en définitive ce n'est pas sous le rapport
de la direction donnée à la fortune du pays
que la critique trouvera aisément à s'exercer.
Le plus magnifique souhait qu'on pût adresser
à l'avenir serait qu'une nouvelle période de
trente ans laissât les finances de la France dans
l'état où la monarchie les légua à ses successeurs. Nous sommes loin de nous y préparer.

Il n'y a pas de motifs pour s'arrêter lon-
guement sur l'intervalle qui sépare février
1848 de décembre 1851 ; car la république
fut un anachronisme comme la révolution
avait été un accident. La France n'était pas
mûre pour des institutions qui exigent, avec
des qualités dont le caractère français n'est
pas encore suffisamment doué, une forte et
longue préparation au gouvernement d'une
nation par elle-même. Ce ne sera probablement pas de longtemps, si ce doit être jamais, que la république pourra s'établir et
durer en France, et toutes tentatives préma-
turées accumuleront des désastres pour aboutir
fatalement au despotisme après une étape plus
ou moins longue dans l'anarchie. Les plus
éclairés et quelques-uns même des plus ardents partisans de la république en conve-
naient tout bas avant 1848.

Ces quatre années se partagent en deux
époques dont l'une ne fut guère qu'un combat

de l'ordre contre le désordre et l'autre une joute entre le pouvoir exécutif et le pouvoir parlementaire. Dans la première période surtout, nos finances eurent à traverser de rudes épreuves. Des hommes honnêtes, mais de peu d'expérience, luttèrent avec moins de succès que de bonne volonté contre des difficultés plus qu'ordinaires. Dans la seconde période, une réaction salutaire ramena aux affaires des ministres qui avaient fait leurs preuves en d'autres temps et, au gouvernement des comités, succéda un régime qui se rapprochait davantage des traditions du gouvernement représentatif. Aussi nos finances entraient dans une voie meilleure lorsque les divisions des partis donnèrent la victoire, comme il arrive toujours dans les discordes civiles, aux plus disciplinés et aux plus hardis.

Le nouveau gouvernement put faire table rase, et rarement révolution plus complète s'opéra avec moins de résistance. La liberté

avait effrayé par ses excès; elle en porta du-
rement la peine, et bien des années devaient
s'écouler avant que la nation, réconciliée avec
elle, se reprit à la comprendre, à l'aimer, à
se sentir capable et digne de la pratiquer.
Au premier moment de la réaction, toutes
les conquêtes de cinquante années parurent
entraînées dans un commun naufrage. Les
principes de 1789 restèrent inscrits au préambule de la constitution; mais, liberté individuelle, liberté de la presse, liberté électorale,
libertés parlementaires, tout fut soumis à des
exceptions, à des restrictions, à une direction
ou à une surveillance.

Peu à peu une certaine détente se fit;
quelques essais, quelques concessions, plus
apparentes peut-être que réelles, et principalement des promesses encouragèrent l'espoir
d'un meilleur avenir. Le plan de ce livre se
renfermant dans ce qui est relatif aux mesures
de législation et d'administration financières,

nous allons examiner successivement le régime établi par la constitution de 1852 ainsi
que les modifications qu'il a subies. Nous en
verrons plus tard les conséquences.

La constitution de 1852 a donné au Conseil
d'État la préparation du budget et des lois
de finances avec la prérogative bien autrement importante de décider souverainement
si les amendements proposés par les commissions du corps législatif seront mis en délibération. Le budget doit être présenté au corps
législatif et voté par ministère [1], les amendements émanés de l'initiative individuelle doivent être déposés sur le bureau des commissions qui seules ont qualité pour renvoyer ces
amendements à l'examen du Conseil d'État.

Lorsque, à la suite du décret du 24 novembre 1860, le sénatus-consulte portant modifi-.

1. Le vote par sections n'a été introduit que dans le sénatus-consulte du 31 décembre 1861.

cation de la constitution rendit aux représentants du pays le droit de discuter et de
voter des adresses, lorsque les discours prononcés dans l'enceinte législative, au lieu de
n'être reproduits que par une froide et incomplète analyse rédigée sous la surveillance d'une
commission spéciale, purent être mis sous les
yeux du public tels qu'ils étaient sortis de
la bouche des députés, un essai fut fait pour
mitiger l'excessive rigueur de restriction apportée au *droit d'amendement.* Ce droit a
toujours été un des points les plus délicats des
rapports du pouvoir législatif avec le pouvoir
exécutif et, pour la plus grande clarté de ce
qui doit suivre, il est indispensable de s'y arrêter un moment.

L'article 46 de la charte de 1814 était ainsi
conçu : *aucun amendement ne peut être fait
à une loi s'il n'a été proposé ou consenti
par le roi et s'il n'a été renvoyé et discuté
dans les bureaux.* On recula, dès l'origine,

devant l'application des règles posées dans cet article destiné, d'après l'ordonnance du 13 juillet 1815, à être revisé par le pouvoir législatif. Quoique cette ordonnance ait été révoquée par celle du 5 septembre 1816 qui maintint entière la charte de 1814, l'article 46 tomba en complète désuétude et ne fut jamais appliqué. Il ne prit pas place dans la charte de 1830 et, jusqu'en 1848, aucune restriction ne fut apportée au droit d'amendement.

Des assemblées souveraines, comme celles de la république, ne pouvaient trouver de limites à l'exercice du pouvoir législatif que celles posées par elles-mêmes. Les articles 65 à 70 [1] du règlement de l'assemblée législative

---

1. Art. 65. Les amendements sont rédigés par écrit et remis au président.

L'Assemblée ne délibère sur aucun amendement si, après avoir été développé, il n'est appuyé.

Art. 66. Tout amendement présenté et non soumis au

astreignaient la présentation et le vote des
amendements à des précautions qui, tout en
respectant dans sa plénitude le droit d'initiative de chacun des membres, assuraient la ma-
turité de l'examen et, d'ailleurs, les trois déli-
bérations, auxquelles le vote des lois était
assujetti, prévenaient toutes surprises.

Le régime qu'inaugura le coup d'État du
2 décembre 1851 eut pour but principal,
hautement déclaré, l'abaissement du pouvoir

vote dans le cours de la séance, est imprimé et distribué
avant la séance suivante.

Art. 67. Tout amendement proposé pendant la deuxième
délibération est renvoyé de droit à l'examen de la commission, si le rapporteur le demande.

Art. 68. Les amendements nouveaux, présentés après la
clôture de la seconde délibération, doivent être communi-
qués à la commission, imprimés et distribués un jour au
moins avant l'ouverture de la troisième.

Art. 69. S'il en est présenté dans le cours même de cette
délibération, ils sont motivés sommairement à la tribune.
L'Assemblée, consultée, décide par assis et levé, sans dé-
bats, si elle les prend en considération; dans ce cas, ils sont
renvoyés à l'examen de la commission.

parlementaire. Par conséquent, rien de surprenant à ce qu'une constitution qui voulait donner au souverain un pouvoir beaucoup plus étendu que dans le passé et priver le corps législatif d'action sur la politique, en isolant de lui des ministres non responsables et en lui refusant toute initiative, rien de surprenant à ce que cette constitution resserrât les attributions des représentants de la nation dans le cercle le plus étroit. Mais dès l'origine le but put paraître dépassé, car, ainsi que nous l'avons déjà vu, la préparation des projets de loi, y compris les lois de finances, devint l'apanage exclusif du Conseil d'État, le budget dut être voté par ministère, aucune modification, de quelque nature qu'elle fût, ne put être, non pas adoptée, mais simplement mise en délibération sans l'assentiment du Conseil d'État.

L'article 40 de la constitution porte :

« Tout amendement adopté par la commission chargée d'examiner un projet de loi sera renvoyé, sans discussion, au Conseil d'État par le président du corps législatif. Si l'amendement n'est pas adopté par le Conseil d'État, il ne pourra être soumis à la délibération du corps législatif. »

Les articles 52, 53, 54 et 55 du décret du 31 décembre 1852, confirmant les dispositions ci-dessus, en ont ajouté une fort importante :

« Aucun amendement n'est reçu après le dépôt du rapport fait en séance publique. »

Ainsi : obligation absolue du consentement du Conseil d'État pour qu'un amendement puisse être mis en délibération;

Impossibilité de présenter un amendement après le dépôt du rapport de la commission.

Or, la pensée d'un amendement ne peut naître, ou du moins la nécessité de le présenter ne peut se faire sentir, qu'après le dépôt du rapport. C'est alors seulement qu'un membre de la chambre, qui ne fait pas partie de la commission, connaît la rédaction définitive du projet de loi. De plus, c'est ordinairement la discussion publique, par les lumières souvent imprévues qu'elle jette sur le sujet, qui inspire les plus utiles amendements. Le règlement interdisant absolument de les produire, qu'arrivait-il? Un article était rejeté : le mal était sans remède; l'article ne pouvait être ni amendé ni remplacé par un autre. La loi était condamnée à rester mutilée; il fallait ou la rejeter ou la voter incomplète. C'est à ce grave inconvénient, objet d'incessantes réclamations, qu'a voulu remédier le sénatus-consulte du 3 février 1861 rendu en exécution du décret du 24 novembre. Ce sénatus-consulte a remis en vigueur l'article 54 du décret du 22 mars 1852, décret rapporté par celui du 31 décembre de la même année. L'article rétabli est ainsi conçu :

« S'il intervient, sur un article, un vote

de rejet, l'article est renvoyé à l'examen de la commission. Chaque député peut alors, dans la forme prévue par les articles 48 et 49 du présent décret, présenter tel amendement qu'il juge convenable.

« Si la commission est d'avis qu'il y a lieu de faire une proposition nouvelle, elle en transmet la teneur au président du corps législatif qui la renvoie au Conseil d'État.

« Il est alors procédé conformément aux articles 51, 52 et 55 du présent décret, et le vote qui intervient est définitif [1]. »

1. Voici le texte des articles auxquels renvoie l'article 54 :

Art. 48. Tout amendement provenant de l'initiative d'un ou plusieurs membres est remis au président et transmis par lui à la commission.

Toutefois aucun amendement n'est reçu après le dépôt du rapport fait en séance publique.

Art. 49. Les auteurs d'un amendement ont le droit d'être entendus dans la commission.

Art. 51. Si l'avis du Conseil d'État, transmis à la commission par l'intermédiaire du président du corps législatif, est favorable, ou qu'une nouvelle rédaction adressée au Conseil d'État soit adoptée par la commission, le texte

En outre le règlement du corps législatif a été modifié de la manière suivante :

« Immédiatement après la distribution des projets de loi et au jour fixé par le président, le corps législatif, avant de nommer sa commission, se réunit en comité secret; une discussion sommaire est ouverte sur le projet

du projet de loi à discuter en séance publique sera modifié conformément à la nouvelle rédaction adoptée.

Si cet avis est défavorable, ou que la nouvelle rédaction admise au Conseil d'État ne soit pas acceptée par la commission, l'amendement sera considéré comme non avenu.

Art. 52. Le rapport de la commission sur le projet de loi par elle examiné est lu en séance publique, imprimé et distribué vingt-quatre heures au moins avant la discussion.

Art. 53. A la séance fixée par l'ordre du jour, la discussion s'ouvre et porte d'abord sur l'ensemble de la loi, puis sur les divers articles ou chapitres, s'il s'agit de lois de finances.

Il n'y a jamais lieu de délibérer sur la question de savoir si l'on passera à la discussion des articles; mais les articles sont nécessairement mis aux voix par le président.

Le vote a lieu par assis et levé; si le bureau déclare l'épreuve douteuse, il est procédé au scrutin.

de loi, et les commissaires du gouvernement
y prennent part. »

L'ensemble de ces dispositions doit être examiné avec attention. Elles ont donné lieu aux
plus singulières erreurs. Les uns ont cru que
le droit d'amendement était rendu au corps
législatif; d'autres ont cru que ces dispositions
étaient applicables au vote du budget. Rien
de tout cela n'est exact. Les seules modifications sont celles-ci :

1° *Une discussion sommaire précède la nomination de la commission.* C'est un palliatif
insuffisant aux graves inconvénients qu'offre
l'interdiction de présenter des amendements
après le dépôt du rapport. On a probablement
pensé que la discussion sommaire fournirait
des indications de nature à motiver la proposition de changements au projet primitif, par
voie d'amendement. 2° *Lorsqu'un article a
été rejeté, mais seulement alors, la commission peut être saisie d'un amendement qui*

suit le cours des formalités habituelles. De cette façon on n'est plus exposé à laisser une lacune dans une loi. C'est quelque chose que tout cela, dira-t-on. Soit; mais c'est bien peu de chose. Le corps législatif n'est nullement affranchi de la tutelle du Conseil d'État; en outre, rien de ce qui précède n'est applicable au budget, puisque le budget ne se vote ni *par articles* ni même *par chapitres*, mais seulement par sections.

Ce qui frappe le plus dans les rapports du corps législatif avec le Conseil d'État, ce qui a dominé dans la pensée du législateur de 1852, ce qui subordonne complétement les représentants de la nation aux délégués du pouvoir exécutif, c'est la nécessité du consentement du Conseil d'État à l'introduction d'une modification quelconque dans le texte des lois et, en particulier, dans les chiffres du budget.

Qu'est-ce que le Conseil d'État? Une émanation directe du pouvoir dont il dépend, du pouvoir qui nomme et révoque ses membres. Lorsqu'un conseiller d'État juge au contentieux, devenu magistrat, il ne relève que de sa conscience et doit voter avec complète liberté; consulté administrativement il manquerait à ses devoirs en ne donnant pas au pouvoir exécutif, avec entière sincérité, l'avis qui lui est demandé; mais, dans la préparation et la discussion des lois, est-il possible qu'il s'affranchisse de l'influence gouvernementale? Lorsqu'un dissentiment grave s'élève entre le corps législatif et le gouvernement, le Conseil d'État, après avoir joué le rôle utile de conciliateur, peut-il s'ériger en arbitre souverain et résoudre une question controversée, contre le vœu positif et formel du pouvoir? En vérité, je n'ai pas la moindre hésitation à me prononcer pour la négative et à soutenir que la constitution ne le veut point ainsi. Si je ne suis pas dans l'erreur, et je ne crois pas y être, il résulte clairement de ce qui précède que le Conseil d'État n'est pas seulement, comme on a voulu le représenter, un intermédiaire et un conciliateur, mais qu'il est, d'après la constitution de l'empire et d'après sa propre organisation [1], l'auxiliaire naturel et légitime du pouvoir, et que rien, dans les lois et dans les budgets, ne pouvant être changé sans sa permission, il exerce, de fait, la puissance législative à un degré plus élevé que le corps législatif.

Dès 1852 l'ensemble de ces combinaisons compliquées paraissait assez défectueux pour

1. Art. 50. « Le Conseil d'État est chargé, *sous la direction du président de la république*, de rédiger les projets do loi.... »

Art. 51. « Il soutient, au nom du gouvernement, la discussion des projets de loi.... » (*Constitution du 14 janvier 1852.*)

1° « Le Conseil d'État, *sous la direction du président de la république*, rédige les projets de loi et en soutient la discussion devant le corps législatif. » (*Décret organique du 25 janvier 1852.*)

que M. le comte de Chasseloup-Laubat, rapporteur du budget de 1853 et aujourd'hui ministre de la marine, s'exprimât en ces termes :

« Notre tâche, qu'on nous permette de le
dire, n'était pas sans difficulté, et par le peu
de temps qui nous était donné et par la com-
plication des rapports entre le gouvernement
et la commission.

« Autrefois, vous le savez, les communications nécessaires en pareil cas existaient directement entre les commissaires et les ministres. C'est à ceux-là qu'on s'adressait pour
obtenir les documents indispensables à l'examen des affaires ; ils venaient eux-mêmes,
avec les chefs de leurs différents services,
donner des explications suffisantes souvent
pour prévenir toute discussion ultérieure ; et
les résolutions que la commission du budget
arrêtait après les avoir entendus étaient directement soumises à la chambre.

« Aujourd'hui nous ne pouvons avoir de

rapport avec le gouvernement que par l'intermédiaire du Conseil d'État, qui, confident
et organe de sa pensée, a seul le droit de
transmettre au corps législatif les documents
qu'à son tour il se fait remettre par les ministres. En un mot, pour les rapports écrits
comme pour les communications verbales, les
commissaires du gouvernement remplacent
les ministres avec lesquels ils ont dû préalablement s'entendre.

« Quant aux modifications que la commission peut vouloir proposer, soit par suite de
l'adoption d'amendements présentés par des
députés, soit d'après son propre examen, elles
doivent, avant que vous ne soyez appelés à
en délibérer, être renvoyées au Conseil d'État
et y être discutées. Là (il est impossible
de ne pas le faire remarquer) *elles n'ont*
pas d'interprètes, pas de défenseurs offi-
ciels.

« Ce mode de procéder paraît résulter de

la constitution elle-même; et, si nous vous
en parlons, c'est uniquement pour vous montrer qu'il a dû entraîner des lenteurs dans
l'accomplissement de la tâche de la commission du budget. »

L'article 54 du décret du 31 décembre 1852,
confirmé par l'article 61 du sénatus-consulte
du 3 février 1861 [1] a rendu des défenseurs au
corps législatif devant le Conseil d'État, mais
il reste difficile qu'il n'y rencontre pas des
adversaires un peu partiaux. Ce serait trop
compter sur la perfection humaine que de
croire qu'un corps qui a préparé une loi et
l'a rédigée, n'ait pas quelquefois pour son
œuvre une prédilection qui lui fasse accueillir
avec peu de faveur des critiques et des modi-

---

1. Art. 61. « La commission peut déléguer trois de ses
membres pour faire connaître au Conseil d'État les motifs
qui ont déterminé son vote. Le président du corps législatif assiste, quand il le juge convenable, les délégués des
commissions.

fications émanées d'un autre corps. Plusieurs
des commissaires du gouvernement occupent
une position élevée dans le Conseil d'État; le
plus employé de tous en est le président ; souvent ces commissaires ont combattu dans les
commissions du corps législatif les changements proposés, et ils viennent les combattre
devant le Conseil d'État, où ils exercent une
grande influence. Bien faible est donc la part
réelle d'action du corps législatif. Il peut faire
des discours, mais il ne peut voter que sur
les questions qu'un autre pouvoir consent à
lui poser, et dans la forme où ce pouvoir
consent à les poser.

M. Thiers a dit, en parlant des restrictions
au droit d'amendement :

« La discussion des lois sans la faculté de
les modifier n'est qu'une agitation stérile.
Placer les chambres entre le rejet et l'adoption pure et simple, c'est les réduire aux résolutions extrêmes et détruire l'esprit de

transaction qui doit être le véritable esprit des pays libres [1]. »

En droit, le corps législatif est investi de la prérogative du rejet absolu; il peut repousser une loi; il pouvait refuser le budget d'un ministère; depuis 1861 il peut rejeter une section. Mais il n'est pas nécessaire de beaucoup insister pour montrer que cette prérogative suprême doit rester habituellement une lettre morte. Une loi, même incomplète et défectueuse, est rarement assez mauvaise, aux yeux de ceux qui en approuvent la pensée et le but, pour qu'ils la repoussent tout entière, surtout si c'est une loi qu'un gouvernement, s'appuyant sur une majorité fidèle, présente comme indispensable à sa politique. Cette loi, dans son ensemble, peut répondre à des besoins pressants; et, quelque fondées

1. *Histoire du Consulat et de l'Empire*, tome XVIII, page 177.

que soient les objections qui s'élèvent contre certaines dispositions de la loi, il arrive d'ordinaire que la majorité aime mieux subir une pression morale, en laissant passer ce qu'elle ne peut éliminer ou changer, que repousser le tout. Le refus d'un budget surtout est une résolution extrême devant laquelle ont reculé, plus d'une fois, en des temps bien différents de ceux où nous vivons, des oppositions voisines de l'hostilité.

Dans de rares occasions, il est juste de le reconnaître, le gouvernement, en présence de la répugnance peu dissimulée du corps législatif à adopter certaines mesures, s'est décidé à ne pas les soumettre à l'épreuve définitive du vote. Mais des marques de condescendance et d'égards, quelque louables qu'elles soient en elles-mêmes, quelque fréquentes que la pratique ait pu ou doive les rendre, ne sauraient remplacer des garanties plus efficaces.

Ce serait se tromper étrangement sur la pensée qui a inspiré ces réflexions que d'y voir la défense du droit d'amendement tel qu'il a été trop souvent exercé, en d'autres temps, au grand détriment de tous. Le droit d'amendement livré, sans limites, au gré des volontés individuelles a de graves inconvénients auxquels, à diverses époques, on a essayé de parer avec plus ou moins de succès. Nous avons rappelé les dispositions de la charte de 1814 et nous avons dit comment elles sont restées sans application par cela même qu'elles étaient excessives; mais les sages précautions du règlement de l'assemblée législative de 1849 montrent que les moyens ne manqueraient pas contre l'abus des amendements. Ce qui est nécessaire, c'est que ces moyens (tels que le renvoi obligatoire aux bureaux ou aux commissions et, si l'on veut, l'adhésion des bureaux et des commissions avant la mise en délibération des amendements) ne soient pas cherchés hors du corps chargé de les appliquer et ne le soumettent pas à une police qui lui soit étrangère. Le but à atteindre est, en effet, non de restreindre les prérogatives de l'assemblée, mais de la protéger contre le mauvais emploi qui peut être fait de son temps lorsqu'on la force, pour ainsi dire, à discuter des amendements oiseux; il faut éviter aussi que, par suite d'une confusion, d'une erreur, d'une surprise, un amendement ne réussisse à passer pour être bientôt regretté. Ces inconvénients toutefois, très-graves s'il s'agit d'assemblées qui exercent le pouvoir législatif d'une manière souveraine, comme dans la constitution de l'an III ou dans celle de 1848, ces inconvénients, dis-je, ne sont plus les mêmes en présence de la nécessité de la sanction du chef de l'État, toujours maître de donner ou de refuser cette sanction.

Il ne faut pas confondre, malgré certains

rapports, le droit d'amendement avec le droit d'initiative et diriger contre le premier des objections qui ne s'adressent en réalité qu'au dernier. Le droit d'amendement, contre-balancé par la réserve, entre les mains du chef de l'État, du droit d'initiative et de la sanction des lois, ne peut être refusé aux représentants du pays sans que leur rôle devienne, par cela seul, bien différent de celui que leur assigne l'application sincère des principes de 1789, si souvent invoqués, si rarement compris ou mis en pratique. Une assemblée privée du droit d'amendement est réduite ou à entraver la marche du gouvernement par sa résistance, ou à le suivre dans une complète docilité; ce n'est plus, à proprement parler, un corps délibérant; c'est une commission consultative. Aussi les modifications apportées à la constitution n'enlèvent-elles rien de sa saisissante justesse à l'expression dont s'est servi un député pour mettre

en vive lumière la vérité de cette situation.
M. Larrabure pourrait répéter, comme en
1860, « c'est le Conseil d'État qui fait les
budgets en France [1]. »

Au reste la ferme volonté de conserver
au pouvoir exécutif l'omnipotence dans la
disposition des crédits votés n'a été nullement dissimulée. Tous les documents officiels,
tous les rapports au sénat, tous les discours
des principaux organes du gouvernement en
font foi.

Le 8 février 1853, M. Bineau, alors ministre des finances, exposait ainsi le mode de
voter les budgets : « Désormais le budget
sera voté par ministère ; la répartition par
chapitre se fera par décrets impériaux. En
adoptant ce système, les auteurs de la constitution se sont inspirés de cette pensée qu'au
pays, par ses députés, il appartient de fixer

1. Séance du 11 juillet 1860.

annuellement *la somme qu'il veut mettre à la disposition du chef de l'État pour le gouverner*, *l'administrer et le défendre;* que, cette somme une fois déterminée, c'est au chef de l'État à en régler l'emploi suivant les besoins et les intérêts du pays. »

D'après M. Bineau les dépenses de l'État devenaient ainsi une sorte d'*entreprise à forfait*. Il ne se chargeait pas d'expliquer comment le contrôle s'exercerait; mais il garantissait les meilleurs résultats : « Ce système, tout en donnant au gouvernement la liberté et l'indépendance dont il a besoin, assurera au pays autant, *au moins*, de garanties d'économie qu'il en avait lorsque ses représentants étaient appelés à régler les moindres détails des services administratifs. »

Il est curieux de rapprocher les paroles de M. Bineau de celles de M. Troplong, déclarant très-catégoriquement, dans le rapport sur le sénatus-consulte du 31 décembre 1861,

qu'à ses yeux le budget n'est qu'un abonnement[1].

Toutefois, par une conséquence logique

1. « Un orateur célèbre, M. Royer-Collard, a appelé
l'abonnement *un système étroit, grossier, impuissant, d'un
autre âge et d'un autre gouvernement;* mais ces paroles ne
sauraient s'adresser qu'à l'insouciance qui se livre à forfait
sans avoir fait ses comptes : elles n'ont rien d'effrayant pour
l'abonnement stipulé après de sérieux calculs, après une
évaluation raisonnée de la recette et de la dépense. Or c'est
ainsi que procède le corps législatif, qui ne vote les fonds
qu'en grande connaissance de cause. Pourtant il ne lui est
pas défendu de mêler une confiance réfléchie à l'exercice de
cette prérogative inaliénable d'un de ses droits les plus
essentiels parmi ceux qui furent revendiqués en 1789. Il
interroge les besoins, pèse les ressources, alloue les subsides pour que le gouvernement en use en sa qualité d'ad-
ministrateur souverain, sauf à en rendre compte. Il y a
plus, et quand le gouvernement vient demander aux députés le grand et annuel subside national, ceux-ci excéde-
raient toutes les limites d'un contrôle sensé, s'ils voulaient
à tout prix substituer leurs vues personnelles aux lumières
qu'il puise dans le maniement des affaires intérieures et
extérieures, dans la connaissance précise des besoins et des
faits, dans le sentiment de son devoir et de sa responsabilité. » (*Rapport au sénat sur le projet de sénatus-consulte du 31 décembre 1861.*)

dont il était impossible de s'affranchir, le ministre ajoutait :

« Le but sera atteint, Sire, mais à condition que, *sauf les cas tout à fait extraordinaires et exceptionnels, les crédits supplémentaires disparaîtront.* La faculté de virement d'un chapitre à l'autre supprimera la presque totalité des annulations de crédit; il faut que, par contre, elle supprime de même la presque totalité des crédits supplémentaires [1]. »

Cette faculté d'exercer des virements non-seulement d'un chapitre à l'autre, comme le disait M. Bineau, mais d'une branche des services publics à une autre et même d'un ministère à un autre, ainsi que cela a été pratiqué plus d'une fois, cette faculté consacrée par le sénatus-consulte organique du 25 décembre 1852 [2] aurait suffi, à elle seule, pour

1. *Moniteur* de 1853, p. 158.
2. « Le budget des dépenses est présenté au corps légis-

livrer les budgets à la discrétion ministérielle.
De plus les crédits supplémentaires continuant
de s'accroître, malgré les promesses ministé-
rielles, les virements devinrent l'objet de vives
critiques [1]. L'évidence de l'abus, les résultats
funestes pour les finances furent la cause
principale du célèbre mémoire de M. Fould,
en novembre 1861, et du sénatus-consulte du
31 décembre de la même année.

latif, avec des subdivisions administratives, par chapitres et
par articles.

« Il est voté par ministère.

« La répartition par chapitres du crédit accordé pour
chaque ministère est réglée par décret de l'empereur, rendu
en Conseil d'État.

« Des décrets spéciaux, rendus dans la même forme,
peuvent autoriser des virements d'un chapitre à un autre.
Cette disposition est applicable au budget de l'année 1853. »
(Article 12 du sénatus-consulte du 25 décembre 1852.)

1. Il me sera permis de rappeler que ces abus et l'influence désastreuse qu'ils exerçaient sur nos finances ont
été signalés plusieurs mois avant le mémoire de M. Fould,
dans la première de mes études financières : LES FI-
NANCES DE L'EMPIRE (*Revue des Deux Mondes* du 1er février 1861).

Sous le régime de la charte de 1830 le budget était voté par chapitres distincts ; aucune somme ne pouvait être reportée d'un chapitre à un autre. Lorsque les fonds votés ne suffisaient pas pour assurer les besoins du service, on avait recours aux *crédits supplémentaires*. Ces crédits supplémentaires devaient être l'objet d'ordonnances royales et être soumis à la sanction des chambres dans leur plus prochaine session, avant la présentation du budget ; ils étaient strictement restreints à une nomenclature spéciale de *services votés*. Si la nécessité d'une dépense non prévue au budget venait à se faire sentir, on y pourvoyait au moyen des *crédits extraordinaires*. Il fallait, pour motiver l'ouverture d'un crédit extraordinaire, des cas tout à fait imprévus et exceptionnels. Il est inutile d'insister sur les garanties que ces règles salutaires offraient pour la stricte observation de la spécialité.

La constitution de 1852 n'astreignant pas

les ministres aux règles de la spécialité et
autorisant les virements de crédits d'un chapitre à l'autre et l'affectation des fonds rendus
libres à tout autre service du même ministère,
il est aisé de comprendre que la nécessité des
crédits supplémentaires devait être fort rare
et que les crédits extraordinaires devaient
sembler, à peu près seuls, destinés à faire face
aux besoins nouveaux résultant de circonstances imprévues.

M. Schneider fut un des premiers à montrer quelles seraient, pour le gouvernement,
les conséquences obligatoires du nouveau système substitué aux règles qui présidaient naguère au vote des budgets; et la commission
dont il était l'organe n'hésitait pas à laisser
voir, sous des formes respectueuses, ses regrets
de l'abolition de ces règles :

« Il ne nous appartient pas de juger un
acte constitutionnel; nous lui devons notre
respect et nous entendons donner au gouver-

nement, pour l'application de cet acte, notre concours le plus complet.

« Il suffit de rappeler le texte du sénatus-consulte pour faire connaître dans son ensemble le régime nouveau que nous allons inaugurer; nous n'avons pas à l'exposer dans ses détails d'application dont le temps et l'expérience sont d'ailleurs les meilleurs juges.

« Il nous a paru que le droit de virement devait donner, à l'avenir, aux prévisions du budget, prises dans leur ensemble, un caractère de vérité et d'exactitude dont elles manquaient précédemment.... On doit attendre de ce système un double avantage : d'une part, le ministre, obligé de se renfermer en définitive dans les limites de son budget, sera naturellement appelé à réaliser toutes les économies compatibles avec les besoins du service, et, d'autre part, *on pourra voir disparaître ces annulations de crédits et ces crédits supplémentaires qui venaient chaque année bou-*

*leverser les prévisions et rendaient trop illu-
soire le vote du budget.*

« Dans les conditions nouvelles où nous
nous trouvons, nous ne saurions insister trop
fortemént pour que les crédits supplémentaires
disparaissent à l'avenir.... La suppression des
crédits supplémentaires et des annulations de
crédits nous apparaît comme l'une des conditions capitales du régime nouveau[1]. »

L'honorable rapporteur avait grandement
raison de voir, dans cette condition, la principale, on pourrait dire la seule justification
de l'organisation nouvelle. Cette condition n'a
jamais été remplie, et l'ancien abus dont le
gouvernement, par ses organes, et le corps
législatif, par ses rapporteurs, se plaignaient
alors, l'abus dont les commissions du budget
n'ont cessé de se plaindre, non-seulement ne
disparut pas, mais s'aggrava singulièrement.

1. Rapport de M. Schneider sur le projet de budget de
1854. (*Moniteur* du 12 mai 1853.)

Le 26 janvier 1854, M. Bineau trouvait nécessaire d'expliquer comment des crédits supplémentaires avaient encore été ouverts à l'exercice 1853, et comment il ne devait plus en
être de même à l'avenir : « Nul ne s'étonnera
que, malgré la faculté de virement, des crédits supplémentaires ou extraordinaires aient
dû être ouverts à l'exercice 1853. Lorsque le
système des virements a été créé par le sénatus-consulte du 25 décembre, le budget de
1853 était déjà établi et ses crédits n'avaient
pas été calculés de manière à prévenir l'ouverture de crédits supplémentaires.

« *Il devra, à moins d'événements extraordinaires et imprévus, en être autrement pour
les années suivantes*[1]. »

Le rapport de M. Devinck sur les crédits
supplémentaires des exercices antérieurs, dans
la session de 1855, signale la singulière con-

---

1. *Moniteur* du 27 janvier 1854, page 105.

fusion qui s'est établie entre les crédits supplémentaires et les crédits extraordinaires. « La remise à neuf de certains locaux et de leur mobilier a été considérée, dans un ministère, comme devant être l'objet d'un *crédit supplémentaire*, tandis que, dans un autre ministère, on a réclamé, pour des travaux analogues, l'ouverture d'*un crédit extraordinaire.*

« La commission s'est en outre demandé si la nécessité de dépenses de cette nature était tellement urgente et imprévue qu'il ne fût pas possible et plus naturel de les ajourner et d'attendre la présentation du budget. »

Lors de la présentation du budget de 1857, le Conseil d'État, frappé de la faiblesse des excédants de recettes en prévision, voulut aller au-devant des observations que ne manqueraient pas de soulever, de la part du corps législatif, la marche progressive des dépenses et l'abus des crédits supplémentaires. L'exposé des motifs du budget contint donc les réflexions suivantes, réflexions qu'on aurait rencontrées sans trop de surprise dans le rapport d'une commission du corps législatif, mais auxquelles, cette fois, leur origine donnait une signification particulière :

« En résumé, la comparaison des recettes et des dépenses présente un excédant de 15,417,000 francs. Cet excédant peut paraître bien faible, si on le compare à la somme des crédits supplémentaires que chaque exercice a vus se produire, et contre lesquels la faculté de virement n'a point été jusqu'ici, peut-être, un remède suffisant. Mais le gouvernement de l'empereur espère de plus en plus restreindre les crédits supplémentaires et les réserver pour les cas rares, c'est-à-dire pour les besoins urgents et imprévus[1]. »

Le rapport de M. A. Leroux, sur le projet de budget de 1857, ne fut pas moins explicite:

---

1. *Moniteur* du 5 mars 1856.

« Le système nouveau dont nous venons de parler manquerait de conclusion, de sanction pratique, pour ainsi dire, *s'il n'avait pour complément absolu la restriction, ou plutôt l'extinction presque entière des crédits supplémentaires. Avec le droit de virement, les crédits supplémentaires ne peuvent être ni compris, ni admis, sauf de très-rares exceptions.* »

Rappelant ensuite le rapport de M. Troplong sur le sénatus-consulte du 25 décembre 1852, les engagements sans cesse renouvelés par les ministres, l'opinion du Conseil d'État, les vœux exprimés par les précédentes commissions législatives, le rapporteur ajoutait :

« Comment se fait-il que, d'une communauté de vues et de volontés si positives, résultent jusqu'ici des résultats si contraires...?

« En résumé, et pour formuler nettement son opinion, votre commission demande que

4

le droit de virement produise désormais les fruits qui en avaient été promis [1]. »

La confusion et le désordre n'ayant fait que s'accroître, les réclamations étant devenues de plus en plus vives, les réponses de plus en plus embarrassées et dilatoires, écoutons ce que disait le rapporteur du budget de 1859 :

« Sous l'ancienne législation, l'usage des crédits supplémentaires était limité à un certain nombre de chapitres qui tous appartenaient à *des services votés ;* en dehors de ces chapitres il était formellement interdit d'ouvrir un crédit supplémentaire par ordonnance. .

.   .   .   .

« Les crédits supplémentaires ne sont plus maintenant soumis à aucune restriction ; ils sont complétement indéfinis.

« .... Suivant les termes de la loi de finan es de 1855, la ratification du crédit, par

1. *Moniteur* du 29 mai 1856.

conséquent l'appréciation de la dépense, n'est soumise au corps législatif que durant la session qui suit la clôture de l'exercice, *c'est-à-dire lorsque le fait est consommé depuis deux années....*

« ..... Des crédits supplémentaires et extraordinaires se sont produits, en dehors des faits de la guerre de Crimée, dans de fortes proportions dont le dernier exercice offre un exemple frappant. Les ressources du budget de 1858 ont été votées avec un excédant de 20 millions qui se sont accrus de 60 millions, montant des plus-values réalisées sur les revenus publics ; cette somme est presque entièrement absorbée par des ouvertures de crédits extraordinaires et supplémentaires. Nous n'en avons pas encore les états complets, mais les documents que nous possédons nous suffisent pour voir que quelques-uns, au moins, de ces crédits n'étaient pas commandés par une impérieuse nécessité. Parmi ces dépenses

il en est qu'on aurait pu prévoir et d'autres
qu'on aurait pu ajourner ; dans le premier
cas, on aurait obtenu le concours du corps
législatif, et, dans le second cas, on aurait eu
l'avantage de la réflexion....

« La commission *est unanime* pour appeler
l'attention du gouvernement sur la législation
des crédits supplémentaires et sur l'utilité de
rétablir la nomenclature des services votés[1]. »

L'abus devint bientôt plus grave encore. Des
virements de crédit eurent lieu *d'un ministère
à un autre*. La commission chargée d'examiner le budget de 1860 s'empara de la pro-
testation de la cour des comptes :

« La cour des comptes, cette sage et vigi-
lante gardienne des véritables principes financiers, a signalé à l'empereur *des virements
sur les crédits destinés à la dette publique en
faveur du service général du ministère des*

---

1. *Moniteur* du 21 mai 1859.

finances, et des virements entre les crédits
affectés au service de l'instruction publique
et les crédits attribués au culte. Cependant,
postérieurement à cette première observation,
M. le ministre, par un décret du 27 janvier
1858, a affecté à divers services financiers
une somme provenant de crédits ouverts pour
plusieurs chapitres de la dette perpétuelle et
viagère. Sur ce nouveau fait, la Cour, sans
contester les conséquences absolues du texte
du sénatus-consulte de 1852, persiste à penser que les dispositions en doivent être appliquées dans l'esprit qui les a dictées.

« Cette déclaration de la cour des comptes,
celle du ministre qui reconnaît le peu de cor-
rélation et de solidarité entre des crédits d'une
nature si différente, ne sont-ils pas la justification de la nécessité de la révision du sénatus-consulte de 1852 ? »

1. *Rapport de M. Devinck sur le budget de* 1860.

La commission du corps législatif, en posant une pareille question, savait que la poser c'était la résoudre. Il n'est personne qui puisse sérieusement soutenir que l'administration des deniers de l'État soit soumise à autre chose qu'un contrôle de pure forme sous l'empire d'une législation qui permet de confondre les budgets de deux départements ministériels, fussent-il réunis dans la même main, qui permet de consacrer aux frais du culte des sommes votées pour l'instruction publique, de détourner de leur destination des fonds spécialement affectés au service de la dette publique par un vote législatif, pour les appliquer aux dépenses d'un ministère.

Les chiffres officiels montreront assez que des réclamations si nombreuses et si réitérées n'étaient pas sans graves motifs.

Dans les neufs années de 1852 à 1861, l'excédant des crédits accordés en dehors des budgets sur les crédits annulés, s'est élevé à

*deux milliards huit cent cinquante et un mil-
lions,* soit en moyenne annuelle, à *trois cent
seize millions* [1]. »

Dans les dix-huit années de 1830 à 1848,
l'excédant des crédits accordés sur les crédits
annulés n'a été que d'*un milliard trois cent
quatre-vingt-dix millions,* soit en moyenne
annuelle de *soixante-dix-sept millions.*

Il est vrai que les crédits de 1854 à 1856
ont été en grande partie motivés par la guerre
de Crimée et ceux de 1859 par la guerre
d'Italie ; mais, comme les rapporteurs des
budgets et des lois des comptes n'ont pas
cessé de le faire remarquer, les années de
paix ont pris une large part dans le total [2].

1. *Compte général de l'administration des finances pour*
1861, page 413.
2. Quoique les chiffres définitifs des exercices 1861 et
1862 ne soient pas encore arrêtés, on sait que ces deux
exercices ont donné ouverture à de nombreux crédits supplémentaires et présenteront, en fin de comptes, des découverts considérables.

Jamais peut-être les conséquences du nouveau système n'ont été mises plus en évidence
que par la discussion, dans la session de 1860,
du projet de loi pour l'affectation à des travaux
d'utilité générale des fonds restés libres sur
le dernier emprunt de 500 millions[1].

Ce reliquat, dont on avait tant parlé, se
trouvait réduit à 31 millions ; encore ce chiffre,
contesté dans le sein de la commission d'a-
bord, puis par les orateurs qui prirent la parole dans la séance du corps législatif, ne
fut-il établi que par évaluation approximative.
M. le commissaire du gouvernement déclara
qu'il n'était ni nécessaire ni même possible,
pour le moment, de fournir des justifications
plus complètes. Ce point admis, il en restait
un autre plus important à examiner. Plusieurs
membres du corps législatif pensaient que,
comme il s'agissait d'un projet de loi spécial

---

1. Voy. le *Moniteur* du 28 juin 1860.

et en dehors du budget, le vote devait avoir lieu séparément pour chaque crédit distinct, pour chaque nature de dépenses. L'opinion contraire, vivement défendue par M. le commissaire du gouvernement, dut prévaloir. Procédant par voie d'extension et d'assimilation, il prétendit que les prescriptions de l'article 12 du sénatus-consulte du 25 décembre 1852 s'opposaient à la division; que les crédits proposés devaient, comme ceux du budget, être votés par ministère. Il rappela que, dans la précédente session, des crédits supplémentaires étant proposés jusqu'à concurrence de 90 millions pour le ministère de la guerre, et de 50 millions pour celui de la marine, le tableau indicatif des chapitres entre lesquels ce total serait réparti n'avait été présenté au corps législatif qu'à titre de renseignement, et que le vote avait eu lieu par ministère. Le commissaire du gouvernement soutint que des crédits, quels qu'ils fus-

sent, faisaient partie du budget et devaient
être votés comme le budget; que le *chapitre*,
en fait de budget, *avait une existence admi-
nistrative et rien de plus.*

Vainement on objecta que cette doctrine
rendait l'intervention du corps législatif tout
à fait illusoire; qu'elle détruisait complétement
le principe salutaire de la spécialité des dépenses (non-seulement des dépenses ordinaires, mais des dépenses les plus imprévues);
que le projet en discussion n'avait pas le caractère d'un crédit *supplémentaire,* ou même
d'un crédit extraordinaire, dans l'acception
habituelle de ces deux mots; qu'il s'agissait
d'une loi extra-budgétaire, applicable à un
cas exceptionnel, unique, tout à fait en dehors
des prévisions de l'article 12 du sénatus-consulte organique; que le corps législatif, ne
voulant évidemment ni rejeter la loi ni refuser
la totalité des crédits ouverts à l'un des ministères, mais dépouillé du droit de voter sur

chaque nature de dépenses et de choisir entre elles, n'avait, à proprement parler, que voix consultative et n'exerçait aucun *contrôle*.

Le président s'étant refusé à faire voter par chapitre, le corps législatif se résigna et adopta la loi.

Il serait aussi aisé qu'inutile d'accumuler des preuves plus nombreuses, de multiplier des citations dont j'ai écarté avec soin les opinions des hommes qu'on aurait pu accuser d'être inspirés par un esprit d'opposition systématique. Toutes les paroles que j'ai rapportées sont empruntées à des documents officiels, à des ministres de l'empereur ou à des rapporteurs de commissions.

En résumé que résulte-t-il de ce qui précède ?

De la part du Gouvernement, non-seulement défense résolue de l'article 12 du sénatus-consulte organique du 25 décembre, mais pas un mot pouvant donner l'espoir

d'une modification future ; pas une concession dans l'application rigoureuse des principes
absolus de cet article. En ce qui concerne la
nécessité de réduire de plus en plus les crédits
supplémentaires et extraordinaires, abondance
de déclarations et de promesses, mais rien de
plus. Chaque année des crédits considérables
sont demandés, et les organes du gouvernement viennent, tantôt par un motif, tantôt
par un autre, invariablement expliquer comment les meilleures intentions sont restées
sans effet et comment s'est trouvée forcé-
ment ajournée l'exécution des engagements
pris.

De la part du corps législatif, soumission
entière à la constitution, mais réclamations
persistantes contre l'extension donnée aux
principes qu'elle a consacrés et contre l'insi-
gnifiance du rôle auquel il se trouve ainsi
réduit ; plaintes respectueuses, mais fermes et
sans cesse renouvelées, contre la non-obser-

vation des règles de la spécialité, contre le
recours, fréquent et trop souvent mal justifié,
à ces crédits supplémentaires frappés d'un
blâme si violent et si peu mérité à l'adresse
du passé.

Les orateurs officiels chargés de plaider la
cause du gouvernement devant le corps législatif se sont plaints plus d'une fois de la
vivacité des reproches adressés à leurs clients.
Et cependant, parmi ces champions des droits
absolus du pouvoir sur les budgets, se trouvent des hommes qui, en 1847, s'exprimaient
ainsi à la tribune de la chambre des députés :

« Les crédits supplémentaires vont chaque
jour en grossissant.... C'est, au point de vue
financier, le désordre le plus complet, la
chambre ne sait plus où on la conduit. Les
choses sont arrivées à un tel point, qu'il suffit
aujourd'hui à un abus de lui donner un nom
honnête pour qu'il passe désormais sans dif-

ficulté. Ceci s'appelle crédit supplémentaire et passe sans objection[1].»

Le gouvernement dont M. Billault attaquait si violemment l'administration financière avait des budgets de *treize cents millions* et, en moyenne annuelle, des suppléments de crédits pour *soixante-quinze millions* ; le gouvernement qu'il a pour mission de défendre aujourd'hui a des budgets qui dépassent deux milliards, et des suppléments de crédits annuels pour plus de *trois cents millions*[2].

Au moment où le décret du 24 novembre 1860 fut rendu, j'en exprimai mon opinion dans des termes que je puis transcrire aujourd'hui textuellement sans éprouver le désir d'y rien changer :

« Le décret du 24 novembre est-il destiné à inaugurer, pour le corps législatif, une ère

---

1. *Discours de M. Billault* dans la séance du 5 mai 1847.
2. Voy. le tableau de la page 188.

nouvelle qui lui rende prochainement les
droits que la constitution de 1852 lui a refusés ? C'est ce que nous dira l'avenir ; car
l'avenir seul fera connaître la véritable portée
d'un acte si diversement interprété. Accueilli
avec une ardeur un peu vive, peut-être, par
quelques-uns de ceux qu'il a le plus surpris ;
commenté avec trop de froideur, il faut l'espérer, par cette partie de la presse où le public est habitué à chercher des inspirations
officielles, le décret du 24 novembre, en lui-
même et de quelque façon qu'on le juge aujourd'hui, est, incontestablement, un acte
important. Soit qu'il ne marque qu'un premier pas dans une voie nouvelle, soit qu'il
doive être suivi d'une longue halte avant une
seconde étape ; soit enfin qu'il ne fasse briller
à l'horizon qu'une lueur passagère, l'attente
réservée mais non indifférente semble l'atti-
tude naturelle de ceux chez qui la confiance
ne peut naître si rapidement.

« Je n'ai eu encore à examiner le décret du 24 novembre que dans son influence sur le vote des lois et des budgets, et je crois avoir suffisamment prouvé que ses conséquences directes, nulles pour les budgets, sont de peu de valeur pour la discussion des lois. Si j'aborde, en terminant, un ordre de considérations plus générales, je le ferai sans sortir de la réserve que commande un si grave sujet.

« Après tant de reproches (dont quelques-uns n'étaient pas sans fondement) adressés *aux luttes oratoires*, il aurait pu sembler plus naturel de rétablir les assemblées délibérantes dans leurs droits sur le règlement des intérêts que de leur restituer la faculté de faire des discours, sur des questions générales, dans des occasions solennelles. L'émancipation, commencée par le côté le moins brillant mais le plus utile, aurait été mieux comprise et plus généralement approuvée.

« Relever la tribune sans rendre de droits
réels à ceux qu'on appelle à l'occuper, c'est
trop ou trop peu. Laisser les représentants du
pays en face d'avocats généraux d'une politique dont la responsabilité repose trop haut
pour être mise en cause¹, ne serait-ce pas

---

1. Ne pourrait-on pas dire qu'elle ne repose nulle part?
L'article 5 de la constitution du 14 janvier 1852, que j'ai
souvent entendu citer depuis l'empire, « déclare *le président
de la république* responsable devant le peuple français.»
Ni la constitution ni personne n'a jamais dit (et qui ne
serait fort embarrassé de le dire?) quand, comment, par
qui cette responsabilité pourrait être invoquée ou appliquée. Je me permets d'émettre sur cette question une
opinion que je suis disposé à croire fondée.

Le sénatus-consulte du 7 novembre 1852, qui a rétabli
la dignité impériale, porte, à l'article 7 : « *La constitution
de 1852 est maintenue dans toutes celles de ses dispositions
qui ne sont pas contraires au présent sénatus-consulte.*»

L'article 5 de la constitution ne serait-il pas du nombre
de ceux dont les dispositions doivent être considérées
comme contraires au sénatus-consulte du 7 novembre ?

On conçoit la responsabilité d'un chef électif, nommé de
dix ans en dix ans, comme devait l'être le président de la
république d'après la constitution de 1852, puisque, à
l'époque de la réélection, il aurait été virtuellement appelé à

les convier à *ces joutes stériles* dont l'inuti-
lité et les dangers ont été précisément invoqués comme justification de la condition réduite des assemblées délibérantes ?

« Est-il impossible que ceux à qui la parole sera offerte imaginent, un jour, de ne
chercher dans la concession faite qu'un moyen
ingénieux d'exprimer une adhésion plus re-
tentissante à quelque programme officiel ?
Assurément les intentions qui ont inspiré l'auteur de cette concession seraient ainsi fort
mal remplies. Ces intentions ne seraient-elles

rendre compte de son gouvernement ; mais j'avoue, pour
ma part, que la responsabilité d'un souverain héréditaire,
investi d'un pouvoir comme celui qui est dévolu au chef de
l'État par les actes postérieurs à la constitution, n'offre à
mon esprit aucune idée nette, et que ma raison ne saurait
en concevoir l'application. Lors même que mon interprétation ne serait point admise ; lors même que l'article 5
de la constitution du 14 janvier 1852 ne saurait être considéré comme implicitement abrogé, il n'est pas moins
évident que le souverain ne pouvant pas être responsable,
ses ministres ne l'étant pas et ne devant pas l'être, puisque
leur rôle est d'obéir, la responsabilité n'existe nulle part.

pas dépassées si d'autres, s'irritant d'entraves
rendues plus importunes par l'apparence de
la liberté, se laissaient entraîner à suppléer
par la violence du langage à l'impuissance
de l'action? Ni dans l'un ni dans l'autre cas,
cependant, l'épreuve ne serait décisive; et il
y aurait aussi peu de justice à fonder une
condamnation définitive sur l'insuffisance des
uns que sur les excès des autres. L'expérience ne sera complète que lorsque, rentrant
dans la sincérité du gouvernement représentatif, on aura donné au pays, par ses man-
dataires, les moyens de montrer s'il est véritablement devenu indifférent à la liberté ou
décidément incapable de s'en servir.

« Permettre aux députés d'exercer une influence réelle sur les lois et sur les intérêts
positifs du pays, au risque de voir modifier
quelques mesures et retrancher quelques
sommes des budgets, ce serait faire beaucoup
plus qu'on n'a fait pour l'indépendance et la

considération du corps législatif; ce serait
faire beaucoup plus pour mériter sa recon-
naissance et pour le recommander à celle de
la nation.

« Ce n'est pas à dire qu'il faille désespérer
de voir des progrès intéressants et peut-être
imprévus sortir de la prochaine session. Beaucoup de fermeté d'un côté, beaucoup de modération de l'autre pourront amener d'utiles
résultats; et si la politique, la politique ex-
térieure surtout, reste soustraite à l'influence
salutaire des représentants du pays, ils pourront cependant rendre à la société, à la morale publique, à la fortune de l'État des services dont l'occasion leur a manqué jusqu'à
ce jour.

« Deux conditions encore sont essentielles
pour assurer la première assise de l'édifice
dont on se plaît à promettre le couronnement
à notre avenir : la liberté électorale doit être
mise à l'abri de tout soupçon; la presse pé-

riodique doit être affranchie du pouvoir dic-
tatorial et discrétionnaire qui pèse sur elle,
ainsi que le reconnaît loyalement la circulaire
du 7 décembre. La presse ne peut pas cesser
d'être assujettie aux garanties indispensables
à l'ordre public, à la morale, à la sécurité
des citoyens, garanties qu'elle a eu le mal-
heur de ne pas respecter toujours. Elle expie,
comme bien d'autres, des fautes dont tous
ne furent pas coupables; c'est le sort commun de l'humanité. Mais, grâce à Dieu, il
n'est pas impossible qu'un législateur éclairé
trouve dans l'expérience du passé les moyens
de prévenir le mal que peut faire la presse
sans priver la liberté de services qu'elle seule
peut lui rendre[1]. »

1. *Les Finances de l'Empire*, 1861.

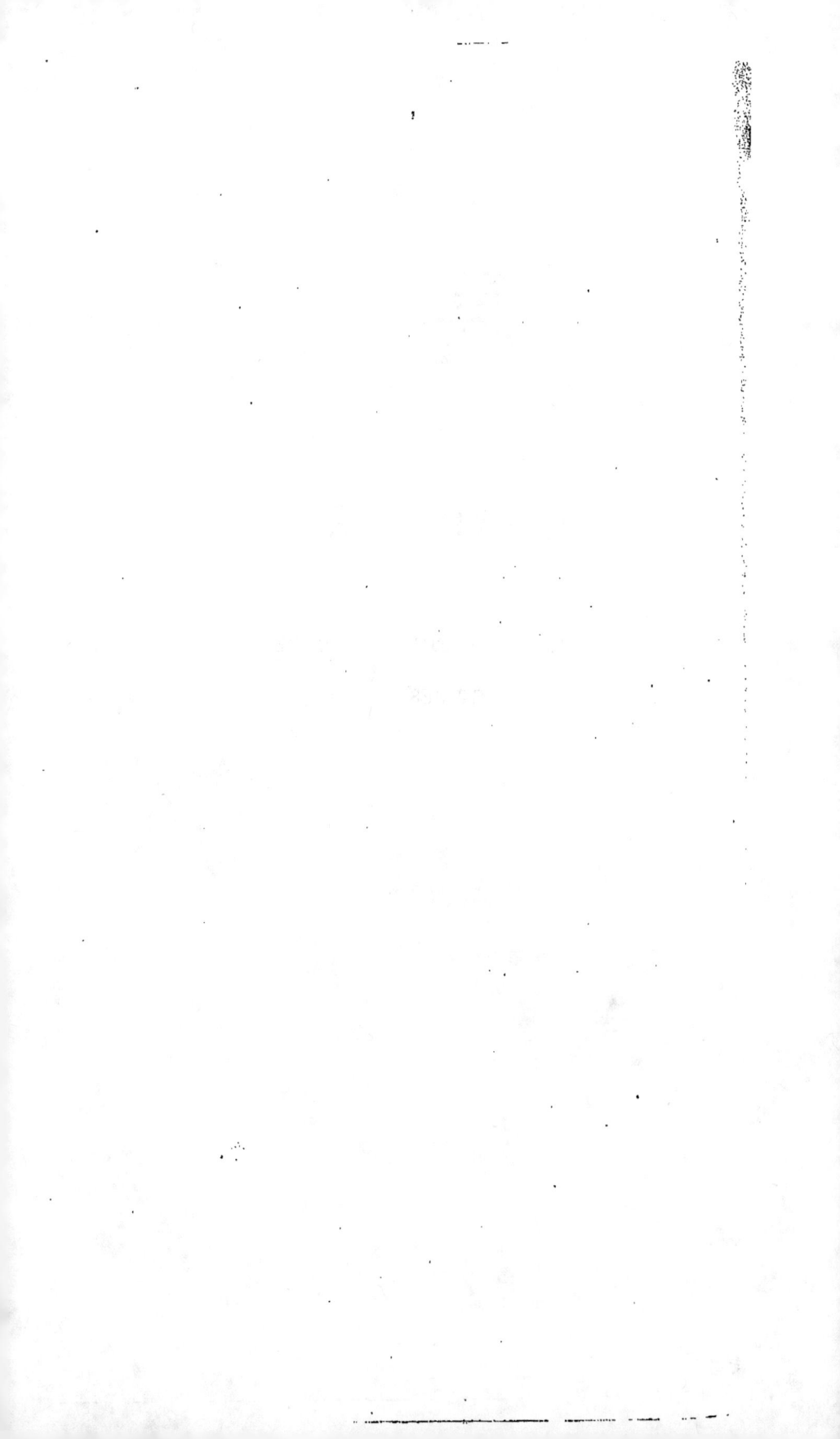

CHAPITRE II

LA RÉFORME FINANCIÈRE DE 1861
ET SES SUITES

CHAPITRE II.

Un an s'était à peine écoulé, depuis le décret du 24 novembre, lorsque parut dans le
Moniteur le mémoire adressé à l'empereur
par M. Fould sur la situation des finances.
Le sénat, bientôt convoqué et invité par le
souverain à modifier les dispositions consti-

tutionnelles en vigueur pour les mettre d'accord avec le programme du nouveau ministre, rendit le sénatus-consulte du 31 décembre 1861.

Le décret du 24 novembre, comme on l'a déjà vu, n'avait rien fait pour étendre les attributions du corps législatif dans le vote et le règlement des budgets. Peu de gens avaient pu croire qu'il permettrait aux députés d'exercer, sur la politique générale du gouvernement, une influence salutaire pour nos finances. Aussi l'exposé de la situation financière fut, pour les personnes tant soit peu au courant des affaires, bien plus un aveu qu'une révélation. Malgré de nombreuses dénégations, les discours prononcés devant le corps législatif, les rapports des commissions, l'examen des budgets et des comptes, avaient donné l'éveil sur l'état des finances. Cette partie du public, la plus nombreuse il est vrai, qui n'accorde à ses intérêts les plus essentiels qu'une

attention distraite, éprouva seule un pénible
sentiment de surprise.

On aime à s'étourdir, en France, sur ce
qui alarme et sur ce qui déplaît, et, d'un
autre côté, il n'y a guère de pays où il s'éta-
blisse dans l'opinion des courants si chan-
geants. Il est des temps où tout est matière à
défiance et à dénigrement; d'autres, où tout
est accepté pour ainsi dire les yeux fermés.
Ce n'est que le petit nombre qui réussit à se
maintenir entre les extrêmes. Lorsque les pouvoirs se décident à faire des concessions, que
ces concessions soient sérieuses ou vaines,
qu'elles soient dictées par la nécessité ou inspi-
rées par la prévoyance, les oppositions se trouvent placées entre deux écueils : elles ont à
redouter également de se laisser prendre aux
apparences en se déclarant trop aisément sa-
tisfaites, ou de faire douter de leur sincérité
en se montrant trop exigeantes. Les esprits
clairvoyants ne se trompaient pas sur la por-

tée de la réforme proposée, mais divers motifs leur conseillaient une grande réserve dans leurs jugements.

Les circonstances qui avaient précédé et préparé le vote du sénatus-consulte du 31 décembre donnaient à cet acte une importance supérieure encore à celle qu'il puisait en lui-même. Le décret du 24 novembre 1860 avait été l'œuvre du souverain seul. Si une influence quelconque avait pu s'exercer, cette influence n'avait pas été déclarée hautement, et l'on avait été d'autant plus fondé à croire à une inspiration toute personnelle du chef de l'État que la pensée première du décret avait paru plus restreinte qu'étendue dans ses effets par ceux qui avaient été chargés de l'appliquer. En novembre 1861 au contraire, et pour la première fois sous le régime actuel, l'initiative du souverain faisait place à celle d'un conseiller.

L'avénement si solennel du ministre, la pu-

blicité donnée au *Mémoire* qui venait de déterminer les résolutions impériales, avaient
une signification qui ne pouvait échapper à
personne. Les changements dans l'administration financière, dont la nécessité, à ce que
déclarait la lettre de l'empereur à M. le ministre d'État, préoccupait depuis longtemps le
souverain, n'avaient été arrêtés en principe
qu'après un examen contradictoire dans le
conseil où le promoteur de la réforme avait
eu à défendre ses idées contre une opposition
fort vive. Il était assez naturel qu'une partie du
public se plût à trouver dans cet ensemble l'indice d'un retour vers les saines pratiques du
gouvernement représentatif. La responsabilité
commence, au moins moralement, pour les
ministres, le jour où il est établi qu'ils peuvent, s'ils le veulent, ne pas être de simples
instruments.

Tel était le caractère le plus saillant de la
situation nouvelle. Il faut ajouter que certains

commentateurs de la pensée impériale, dans
la presse officieuse, destinés à être bientôt imi-
tés par des commentateurs officiels dans le
sénat, s'efforçaient d'amoindrir les conséquences de l'acte, et d'enfermer, pour ainsi
dire, les résolutions futures dont le souverain
s'était plu à laisser entrevoir la possibilité,
dans des limites qu'il semblait avoir seul le
droit de tracer. Tout cela ajoutait à la popularité du ministre. Après les déceptions qui
avaient suivi le décret du 24 novembre, on
lui savait gré d'ouvrir de nouvelles perspec-
tives à l'espoir d'un meilleur avenir. Enfin, il
plaisait personnellement aux hommes de la
finance et de la bourse, au milieu desquels
il s'était formé. Jamais, depuis la chute du
gouvernement représentatif, la nomination
d'un ministre n'avait produit une impression
si marquée et les fonds publics éprouvèrent
une hausse sensible.

Examinés de sang-froid, jugés avec une

impartiale justice, les plans financiers du nouveau ministre étaient loin d'autoriser les espérances qu'ils faisaient naître. L'étendue et les
causes du mal étaient exposées dans son Mémoire avec une vigueur qu'on n'aurait pas
osé attendre, mais les remèdes proposés pouvaient difficilement paraître suffisants. Ceux
qui, les premiers, dans des écrits taxés alors
d'exagération et de dénigrement systématique,
avaient appelé l'attention sur les périls aujour-
d'hui hautement reconnus, auraient pu se féli-
citer, si ce n'avait été là un triste sujet de
satisfaction, de retrouver chez un témoin si
bien informé la complète confirmation de leur
langage. L'accroissement de la dette publique,
l'usage immodéré du crédit, l'élévation progressive des dépenses, l'abus des crédits supplémentaires et extraordinaires, l'énormité
des découverts étaient, dans le Mémoire, l'objet des plus vives critiques.

Mais là cessait l'accord avec ceux qui avaient

conseillé, comme unique moyen de couper
court aux abus, le retour aux seules garanties sérieuses contre le laisser aller et l'empi-
risme, garanties qu'on cherchera vainement
ailleurs que dans le contrôle efficace des représentants de la nation. L'auteur du Mémoire se plaçait à un point de vue très-
différent ; il n'accordait qu'une. importance
secondaire à la spécialité des dépenses et au
vote du budget par chapitres; il ne consentait
à ce qu'on fît un pas dans cette voie que
« parce que l'empereur l'avait promis ; » il
ne voyait pas « de très.-grands inconvénients
à cette modification, pourvu que les chapitres se composassent de grandes divisions. »

C'était à d'autres moyens, qui seront examinés tout à l'heure, que M. Fould demandait le frein, qu'il reconnaissait indispensable,
à ce qu'il appelait *le plus légitime des entraînements, celui des dépenses utiles*, ou-

bliant trop que toutes les dépenses paraissent aisément utiles à ceux qui les ordonnent.

Le rapport présenté au sénat par M. Troplong [1] sur le projet de sénatus-consulte destiné à modifier les articles 4 et 12 du sénatus-consulte du 2 décembre 1852 ne fut que la longue paraphrase du Mémoire de M. Fould. M. le président du sénat n'y ajouta guère, de sa propre inspiration, que les éloges sans réserve qu'il prodigue volontiers aux institutions actuelles. Cette disposition est si remarquable chez lui, qu'elle le conduit à louer à la fois ce qu'il propose de changer et ce qu'il propose de mettre à la place, de telle sorte que ses lecteurs, quelque préparés qu'ils soient à se laisser guider par lui, incertains de savoir de quel côté sont ses préférences, peuvent hésiter souvent sur le sens dans lequel ils doivent diriger les leurs. M. le président du sé-

1. *Moniteur* du 18 décembre 1861.

nat, il est inutile de l'ajouter, ne négligea pas cette occasion de renouveler ses vives critiques à l'adresse de tous les régimes précédents, critiques devant lesquelles le premier empire lui-même ne trouve pas grâce.

Après avoir lu ce rapport, il était difficile de ne pas conserver l'impression du regret qu'inspirait à son auteur la pensée d'un changement quelconque dans une organisation, en grande partie son ouvrage, qu'il continuait d'admirer et de louer tout en concluant à ce qu'elle fût modifiée. Le blâme du rapporteur glissait sur ce que condamnait l'auteur du mémoire pour ne se rencontrer avec lui que dans le procès fait aux anciennes formes de vote et de règlement des budgets sous les gouvernements libres.

Cependant, l'aveu des mécomptes éprouvés depuis dix ans pouvait motiver, dans le Rapport et dans le Mémoire, un jugement moins sévère sur les anciens errements. Il n'était

besoin ni de récriminations ni de comparaisons pour montrer combien était indispensable le changement d'un système qui avait
produit en dix ans les résultats que M. le
ministre résumait ainsi : « Deux milliards
d'emprunts en rentes, auxquels il faut ajouter
100 millions d'augmentation du capital de la
Banque, — 135 millions consolidés en rentes
en 1857 pour la caisse de la dotation de l'armée et, depuis, tous les fonds de cette caisse
successivement absorbés, — 132 millions
d'obligations trentenaires, — 2 milliards
800 millions de crédits extraordinaires dont
on a vu, cette année, avec regret, les plus
considérables s'ouvrir après la session des
chambres, — 1 milliard de découverts, —
le recours au crédit sous toutes les formes, à
l'emprunt sous tous les modes possibles,— l'emploi des ressources des établissements spéciaux
dont l'État a la direction, — l'absorption complète des capitaux appartenant à la caisse de

la dotation de l'armée:.....» — puis, comme
conséquence : « l'état du crédit devant d'autant plus attirer l'attention de l'empereur que
la situation des finances préoccupe tous les
esprits, — le sénat et le corps législatif expri-
mant leur inquiétude, ce sentiment pénétrant
dans la classe des hommes d'affaires qui tous
présagent et annoncent une crise d'autant plus
grave qu'à l'exemple de l'État, et dans un but
d'amélioration et de progrès peut-être trop
précipité, les départements, les villes et les
compagnies particulières se sont lancés dans
des dépenses très-considérables. »

Ainsi parlait M. le ministre des finances.
Ayant reconnu le mal jusque-là si souvent
contesté quoique si souvent signalé, il le dé-
nonçait résolûment dans un langage qui for-
mait un éclatant contraste avec l'optimisme
que les organes du gouvernement opposaient,
dans la session précédente, aux craintes exprimées par quelques membres du corps légis-

latif. Mais il ajoutait en terminant la peinture
de la situation : « Le véritable moyen de conjurer cette crise c'est d'agir avec promptitude
et décision et de fermer la source du mal en
supprimant les crédits supplémentaires et
extraordinaires. » Quelque partisan qu'on pût
être d'une réforme indispensable, on pouvait
contester le moyen. La suppression complète
des dépenses supplémentaires et extraordinaires
n'est pas possible et ne sera jamais réalisée.
On pouvait donc craindre, et on le disait, que
l'organisation nouvelle du système de virements n'entraînât avec elle la plupart des inconvénients qu'on voulait éviter et qu'il n'y
eût que les noms de changés.

En effet, de quelque nom qu'on appelle
les crédits destinés à faire face aux dépenses
extra-budgétaires, il y aura toujours des services publics pour lesquels les prévisions du
budget, si larges qu'elles soient, seront accidentellement en défaut, et il y aura toujours

6

aussi d'autres services qui se trouveront trop richement dotés. De là, nécessité d'allocations supplémentaires ; de là, d'un autre côté, obligation de faire face à ces allocations au moyen de virements de crédits en consacrant l'excédant d'un chapitre à pourvoir à l'insuffisance d'un autre. De même il y aura toujours, soit à l'intérieur, soit à l'extérieur, des circonstances imprévues, impossibles même à prévoir, qui nécessiteront l'emploi immédiat de ressources auxquelles n'aura pu pourvoir le budget en cours : de là les crédits extraordinaires, dont la dette flottante fournit les fonds, et que le corps législatif ne peut sanctionner par son vote que lorsque la dépense est engagée et, dans certains cas, faite et payée. On comprend que ce soit là, dans l'administration de la fortune de l'État, le point sur lequel se fasse le plus vivement sentir la nécessité d'un contrôle efficace.

Jamais les esprits sérieux qui se sont occupés de finances n'ont condamné d'une manière absolue les crédits supplémentaires et extraordinaires. Ils ne se sont élevés que contre l'abus, recommandant la modération et subissant la nécessité. Toutefois, en l'absence de frein suffisant, l'abus avait pris de telles proportions qu'on voulait y remédier. Tel était le but du sénatus-consulte du 31 décembre 1861. On ne pouvait changer la force des choses; on croyait qu'il suffirait de supprimer les crédits supplémentaires et extraordinaires et de les remplacer par des virements de crédit, car le Mémoire affirmait que « les circonstances les plus graves et les plus inattendues peuvent trouver des ressources dans notre vaste budget et donner le moyen d'attendre la réunion du corps législatif. » Et ailleurs : « Telle était la pensée qui avait dicté les dispositions du sénatus-consulte du 25 décembre 1852, dispositions malheureusement modifiées par la loi du 5 mai 1855 et

par le décret du 10 novembre 1856, qui ont
exclusivement réservé les virements de crédits pour couvrir, après la première année de
l'exercice, l'insuffisance des allocations. »
Deux conditions étaient, avec raison, récla-
mées comme indispensables à l'application du
nouveau système. La première que le budget
fût bien fait, que tous les services y fussent
suffisamment dotés, que le corps législatif ac-
cordât, pour prix de la concession faite, un
budget où les allocations fussent en rapport
avec les besoins réels ; en second lieu, que
le gouvernement, en faisant régulariser les
virements de crédits devant le corps .législa-
tif, eût la faculté « de faire remplacer
les fonds sur le chapitre auquel ils auraient
été pris. »

La première condition devait amener iné-
vitablement et amenait, en effet, un budget
présenté avec de notables augmentations, afin
que ce budget eût quelque chance de se ré-

gler en équilibre. La seconde condition faisait craindre que la faculté de virement ne remplaçât les crédits extraordinaires, puisque ce n'était pas seulement de l'*excédant* des chapitres qu'on pourrait disposer par virement, mais bien du *disponible,* c'est-à-dire des fonds qui ne seraient pas encore employés, mais qui seraient nécessaires plus tard, et qu'il faudrait bien remplacer. Il est très-vrai qu'à la différence des crédits extraordinaires, qui sont tout à fait illimités, les virements devaient être limités à la somme totale du budget voté pour chaque ministère; mais la faculté de *faire remplacer les fonds sur le chapitre auquel ils auraient été pris* ne ferait-elle pas dépasser le but ? Si les fonds pris sur un chapitre au moyen d'un virement pour faire face à des besoins imprévus étaient indispensables aux services réguliers, s'il fallait absolument les remplacer sous peine de désorganiser ces services, le corps législatif

pourrait-il refuser son consentement? Un virement opéré dans ces conditions serait-il
autre chose qu'un crédit extraordinaire déguisé, et la prérogative parlementaire serait-
elle plus libre que sous le régime antérieur
au sénatus-consulte? Si, en présence de circonstances tout à fait exceptionnelles, la nécessité d'allocations extraordinaires se faisait
sentir au delà de ce que pourrait fournir
l'exercice du droit de virement dans les limites du budget voté, que ferait-on? Faudrait-il absolument convoquer le corps législatif, ou passerait-on outre, sauf à demander
ensuite un bill d'indemnité? Le premier
moyen entraînait des lenteurs qui le ren-
draient parfois inapplicable; le second était
fort dangereux : il ouvrait la porte aux exceptions. Une fois le premier pas fait, où
s'arrêterait-on? L'obligation de demander et
d'obtenir en certains cas un bill d'indemnité
n'avait déjà pas grande valeur quand elle

pesait sur des ministres responsables; que serait-elle vis-à-vis de ministres placés dans d'autres conditions?

Un autre motif encore devait donner aux virements une dangereuse élasticité. Le pouvoir ayant le droit de modifier par des décrets la répartition des chapitres dans les sections votées, de faire passer des services publics d'une section à l'autre, et même d'un département ministériel à un autre département, le droit de virement devenait sans limites autres que celles du budget même. Ceux qui ne trouvaient dans la division par sections qu'une garantie fort incomplète de la spécialité devaient penser également que le nombre et la nature fort diverse des chapitres compris dans la même section étendaient singulièrement les effets du droit de virement.

En lisant le Mémoire de M. Fould, on aurait pu croire par moment qu'il allait arriver à une conclusion bien différente de celle à laquelle il s'arrêtait. A diverses reprises, il insistait avec une grande force sur la nécessité du contrôle législatif, cette première condition d'un sage et discret emploi des deniers de l'État[1]. C'est dans l'accomplissement de cette condition qu'est, à vrai dire, le nœud de la difficulté; et puisque M. Fould apercevait si clairement cette difficulté, puisqu'il la signalait si hardiment, ne donnait-il pas le droit de demander comment il compre-

---

1. « La constitution a réservé le droit de voter l'impôt au corps législatif ; mais ce droit serait presque illusoire si les choses demeuraient dans la situation actuelle.... En rendant au corps législatif ses attributions les plus incontestables, l'empereur le solidariserait avec son gouvernement.... Sa Majesté réaliserait ainsi, de la manière la plus certaine, la pensée pleine de prévoyance qui a inspiré le décret du 24 novembre.... » Et ailleurs, entrant encore plus dans le vif : « Qu'est-ce qu'un contrôle qui s'exerce sur une dépense dix-huit mois après qu'elle est faite, et qui peut-il atteindre, si ce n'est le chef de l'État, puisque les ministres ne sont responsables qu'envers lui seul ? » (*Mémoire à l'empereur.*)

nait que la nouvelle législation rendrait le contrôle législatif plus efficace? On apercevait bien la volonté de restreindre les dépenses extra-budgétaires ; mais enfin, si ces dépenses avaient lieu par l'abus du droit de virement, que pourrait faire le corps législatif de plus que ce qu'il avait fait jusqu'à ce jour? Il n'aurait pas plus que par le passé la réalité du contrôle préalable, puisqu'il n'acquérait ni le droit d'amendement ni le droit de rejet, si ce n'est par branches entières de service (ce qui rend le droit d'un usage bien difficile) : il n'aurait même pas la réalité de la libre sanction, puisque, quand on lui présenterait des propositions de remplacement des fonds employés par virement au delà des limites du budget, la dépense serait faite ou engagée. C'est dans la spécialité des dépenses qu'existe le seul contrôle réel, et cependant le Mémoire affirmait que « le retour à la spécialité aurait pour unique effet de déplacer la responsabilité en faisant intervenir le pouvoir législatif dans l'administration. » Il semblait que deux courants contraires avaient entraîné l'auteur du Mémoire ; que, conduit dans un sens par ses propres raisonnements, il avait été poussé dans un autre par quelque force secrète qui agissait sur lui, malgré lui ou à son insu ; qu'après avoir entrevu la voie qui menait au but, il s'était arrêté sur le seuil, ne pouvant ou ne voulant pas le franchir.

Il faut rendre cette justice au sénatus-consulte du 31 décembre 1861 que, par la manière dont il permet de composer les sections du budget, il a parfaitement réussi à écarter toute possibilité du retour à la spécialité si nettement repoussée par M. Fould. Les 1,778 millions du budget ordinaire de 1864 ne forment que cinquante-cinq sections ou chapitres sur lesquels le corps législatif soit appelé à voter séparément, savoir :

Ministère d'État.................................... 4
—   de la justice......................... 4
—   des affaires étrangères............. 3
—   de l'intérieur...................... 6
—   des finances........................ 11
—   de la guerre (dont 4 pour l'Algérie).. 9
—   de la marine....................... 5
—   de l'instruction publique et des cultes. 8
 —   de l'agriculture, du commerce et des
         travaux publics................ 5

Total......... 55

Ce n'est pas seulement par l'étendue qui leur est donnée, ce n'est pas seulement par le droit de virement d'une section à l'autre, que les sections échappent aux règles de la spécialité; c'est tout autant par la manière dont elles sont formées et par la variété des services qu'elles renferment. Pour ne citer que quelques exemples, la même section comprend : l'Institut, les bibliothèques, les théâtres impériaux, les voyages et missions scientifiques et les monuments historiques; — une autre, les subventions et secours et les dé-

penses du matériel des cours impériales; —
une autre, le personnel de l'administration
centrale des finances et les frais de fabrica-
tion des monnaies de bronze; — une autre,
l'habillement des troupes et les remontes de
la cavalerie; — une autre, les écoles militaires
et les invalides; — un autre, les approvision-
nements de la flotte et les travaux hydrau-
liques; — une autre enfin, le Conservatoire
des Arts et Métiers, les encouragements aux
pêches maritimes et les établissements ther-
maux.

On peut considérer comme le complément
des plans de M. Fould le retour à la division
des budgets en budget ordinaire et en budget
extraordinaire, ainsi que l'avait établie la loi
de 1817. Cette division subsistait, à peu de
chose près, pour les dépenses; elle n'existait
plus pour les recettes. « Je propose à Votre
Majesté, disait le rapport du 20 janvier 1862,
d'établir cette distinction entre les dépenses

de nature diverse, comme règle de la préparation du budget, et de renfermer les dépenses extraordinaires dans une loi à part, en leur affectant des ressources spéciales et définies qui auront, comme les charges auxquelles elles sont destinées à faire face, un caractère temporaire. »

En principe, il n'y a que des éloges à donner à cette classification. Elle a été critiquée surtout par ceux qui ont cru que son principal but était de diminuer le chiffre apparent et toujours croissant des budgets. En quelques années l'ensemble des dépenses publiques s'était élevé, de douze à treize cents millions, jusqu'à plus de deux milliards. Au moyen d'un budget extraordinaire de cent à deux cents millions, d'un budget sur ressources spéciales de deux cent vingt-cinq millions, on réduisait à dix-sept ou dix-huit cents millions le chiffre du budget ordinaire. Il ne serait probablement pas juste de croire que des

considérations de ce genre aient pu exercer
une influence décisive sur la détermination
prise. Quant aux résultats, ce n'est que par
l'expérience qu'on en pourra juger, et tout
dépend de la pratique qui sera suivie. L'é-
preuve a été trop courte encore pour servir
de base à un jugement définitif. La première
condition de la division actuelle est qu'aucune recette extraordinaire, ou ayant un caractère accidentel et temporaire, ne prenne
place dans le budget ordinaire. — Les dépenses ordinaires doivent être strictement
renfermées dans les limites des ressources
normales; mais il n'y aurait aucun inconvénient à ce que des excédants de recettes ordinaires figurassent au budget extraordinaire.
Cela pourrait même devenir une nécessité, en
l'absence de ressources extraordinaires suffisantes, car un grand pays ne peut se passer
de travaux publics, et il n'y a déjà que trop
de différence entre les sommes qui y ont été

consacrées naguère et celles infiniment plus
restreintes qu'on y consacre actuellement.

Le vote du Sénatus-consulte, le Rapport du
20 janvier, la nouvelle division du budget,
avaient été précédés par un décret, du 1ᵉʳ décembre 1861, rendu à Compiègne sur la proposition de M. Fould, et renfermant en peu
de mots une décision des plus importantes :

« *A l'avenir, aucun décret autorisant ou
ordonnant des travaux ou des mesures quelconques pouvant avoir pour effet d'ajouter
aux charges budgétaires ne sera soumis à la
signature de l'empereur sans être accompagné de l'avis du ministre des finances.* »

Il y avait dans les trois lignes de ce décret,
s'il avait été destiné à être observé, une garantie plus efficace que dans les dispositions
du Sénatus-consulte. En effet, ce qui avait le
plus contribué à l'exagération des crédits extraordinaires, sous le régime actuel, c'est que
ces crédits avaient été accordés par des décrets

à chaque chef des divers départements ministériels sans examen et sans discussion contradictoire avec ses collègues, souvent même
sans que le ministre des finances apprît, autrement que par le *Moniteur*, des affectations de
sommes considérables qu'il était obligé de
fournir à bref délai. La nouvelle obligation
imposée à tous les ministres donnait incontestablement le rôle le plus important au ministre des finances, et faisait de lui, dans le
vrai sens plus que dans l'ancienne acception
du mot, *un contrôleur général*. Cependant
l'approbation qu'obtint le décret ne fut pas
sans réserve, et voici pourquoi : d'abord ce
n'était qu'un décret, qui pouvait être changé
ou révoqué par un autre décret, tandis que
rien n'eût empêché de donner à une pres-
cription si utile le caractère que lui aurait
imprimé son adjonction au Sénatus-consulte
du 31 décembre. En second lieu, la rédaction
manque de clarté et de précision. Il aurait

certainement mieux valu dire : « Aucun décret
*autorisant un virement de crédit pour des
travaux,...* » car on ne comprend pas ce que
signifie l'interdiction d'ordonner par décret
*des travaux ou des mesures pouvant ajouter
aux charges du budget*, lorsqu'une disposition, devenue constitutionnelle par le sénatus-
consulte du 31 décembre, soumet tous travaux
et toutes mesures extraordinaires, auxquels
on ne pourrait pourvoir par un virement, à
la sanction obligatoire d'une loi. Toutefois, le
décret du 1ᵉʳ décembre ne pouvant annuler
les effets du sénatus-consulte du 31, on est
autorisé à n'y voir que ce qui doit s'y trouver.

Tels étaient, dans leur ensemble, les traits
principaux de la réforme financière accueillie
avec une satisfaction presque générale. Ceux
même qui ne croyaient pas à l'efficacité de
de cette réforme aimaient à y trouver un de
ces engagements moraux auxquels un gouvernement ne se soustrait pas volontiers, car

il ne peut le faire sans grand dommage pour
lui-même. — Un avenir prochain devait malheureusement prouver la justesse des objections faites au nouveau système[1].

Pour qu'un gouvernement s'arrête sur la
pente où l'administration financière était en-
traînée depuis-dix ans, il faut autre chose que
des règlements, quelque sages qu'ils puissent
être, lorsque ceux qui sont chargés de les appliquer conservent le pouvoir de ne les point
observer, lorsque aucune responsabilité ne pèse
sur les dépositaires de la fortune publique et
que, par une conséquence inévitable, le contrôle des assemblées délibérantes, dépourvu
de sanction et devenu purement nominal, ne
s'adresse qu'à des chiffres derrière lesquels il
n'atteint personne.

Aussi lorsque parut le rapport sur la situa-

1. *La Réforme financière.* (*Revue des Deux Mondes* du
15 février 1862.)

tion financière adressé à l'empereur par M. le
ministre des finances, le 27 décembre 1862,
ce document ne surprit que ceux qui avaient
fondé de trop hautes espérances sur une base
trop fragile ; il confirma, il augmenta les
craintes de ceux qui savaient et qui avaient
prédit qu'un changement notable dans la politique pourrait seul exercer sur nos finances
une influence salutaire [1].

En effet, l'événement leur donnait triste-
ment raison et le langage du ministre des
finances n'était pas propre à calmer les inquié-
tudes, puisqu'au lieu d'avouer courageusement
des torts qui auraient pu trouver dans cette
franchise une certaine excuse, il s'efforçait de
démontrer que toutes les irrégularités commises s'expliquaient naturellement et se justi-
fiaient par les circonstances, ce qui impliquait

1. *La Situation financière en* 1863. Publié chez Dentu,
en janvier 1863.

que les mêmes circonstances, en se continuant ou en se renouvelant, devaient faire recourir aux mêmes expédients.

« Le véritable danger pour nos finances, avait dit M. Fould dans le mémoire à l'empereur, en date du 12 novembre 1861, est dans la liberté qu'a le gouvernement de décréter des dépenses sans le contrôle du pouvoir législatif. ... La constitution a réservé le droit de voter l'impôt au corps législatif ; mais ce droit serait presque illusoire si les choses demeuraient dans la situation actuelle, car qu'est-ce qu'un contrôle qui s'exerce sur une dépense de dix-huit mois après qu'elle est faite et qui peut-il atteindre, si ce n'est le chef de l'État, puisque les ministres ne sont responsables qu'envers lui seul ? »

Ce juste et ferme langage de 1861 avait mal préparé à entendre celui du Rapport de 1862. On aurait presque pu croire que le mémoire avait pris soin de repousser à l'avance les excuses qui seraient invoquées un an plus tard, — la guerre et l'imprévu :

« *Les circonstances les plus graves et les plus inattendues* peuvent trouver des ressources dans notre vaste budget et donner les moyens d'attendre la réunion du corps législatif. ... Une guerre devient nécessaire, le gouvernement peut concentrer sur un seul service les forces actives des ministères de la guerre et de la marine, dont les ressources ne s'élèvent pas à moins de 5 à 600 millions par an ; au reste, dans des circonstances semblables, l'empereur s'empresserait de s'entourer du corps législatif et il pourrait compter sur son concours, d'autant plus absolu, que la circonstance serait plus pressante [1]. »

Un an s'était écoulé et le langage était de-

1. *Mémoire à l'Empereur*, 12 novembre 1861.

venu très-différent. L'imprévu et la guerre
avaient dérangé tous les calculs; des dépenses
considérables avaient été faites, en dehors des
règles anciennes et nouvelles, sans qu'on eût
jugé nécessaire de convoquer le corps législatif. Les virements de crédits n'avaient pas
suffi à couvrir les dépenses imprévues de l'expédition du Mexique, et M. le ministre esti-
mait qu'aux 59 millions votés par le corps
législatif il faudrait ajouter 24 millions pour
dépenses afférentes à l'exercice 1862. Les
sommes ainsi dépensées, en dehors des prévisions et des lois de finances, devaient,
d'après le rapport, faire l'objet d'une demande
de crédits extraordinaires, quoique le sénatus-consulte du 21 décembre eût statué qu'à
l'avenir tout crédit de ce genre exigerait im-
périeusement la sanction préalable du corps
législatif.

Le ministre n'essayait de se justifier qu'en
opposant aux engagements qu'il avait pris les

doutes exprimés par les rapporteurs du Conseil d'État et du sénat, qui, moins confiants que lui et moins convaincus, « s'étaient accordés tous deux à mettre au nombre des éventualités impossibles à prévoir, un fléau soudain ou les événements du dehors qui exigeraient le développement immédiat de nos forces militaires ou navales. » Or, aucun fléau soudain n'était venu nous frapper, et le ministre se félicitait, au contraire, malgré beaucoup de circonstances défavorables, de la progression des recettes due au maintien de l'ordre et du calme intérieur dont nous jouissons. »

Quant aux événements du dehors, on était en droit de demander s'il était survenu, d'octobre à décembre 1862, des événements qui eussent si profondément changé les prévisions beaucoup plus rassurantes consignées dans le Rapport du 6 octobre ? A cette époque si rapprochée, un exposé détaillé de la situation faisait ressortir, pour le règlement définitif du budget de 1862, un excédant probable de 16 millions dans les ressources. Ni à l'intérieur, ni à l'extérieur, rien ne s'était passé depuis lors qui ne fût prévu de tous. Ce n'était pas seulement depuis octobre que le Gouvernement avait pu reconnaître à quel point il s'était trompé et avait été trompé par ses agents sur les dispositions du Mexique. Ce n'était pas seulement depuis octobre qu'on avait su qu'il n'y a au Mexique ni routes, ni ponts; que les mouvements de l'armée y seraient lents, difficiles; qu'un climat meurtrier décimerait nos soldats et nos marins; que l'envoi de renforts considérables assurerait seul le succès de l'expédition; qu'il faudrait tirer du dehors les subsistances et les moyens de transport.

De toutes les révélations du rapport la plus grave était celle qui était faite au sujet des traites tirées sur le Trésor pour compte du ministère de la marine. Le total de ces traites

n'était pas encore connu, et, comme il arrive
toujours en pareil cas, les conjectures du public allaient peut-être au delà de la réalité.
Le rapport se bornait à constater que le vote
du corps législatif « interviendrait en temps
utile pour imputer leur acquittement sur
le crédit supplémentaire qui allait être demandé pour lui. » Il résultait clairement
des termes de cette déclaration que des traites
avaient été fournies sans que, contrairement
à ce qui avait toujours été rigoureusement
exigé, aucun crédit y eût été affecté, sans
qu'aucun décret eût été signé, sans que le
Conseil d'État eût été consulté, sans qu'aucune
décision eût été prise, sur l'avis du ministre
des finances, comme l'exigeait le décret du
1er décembre 1861, rendu sur sa proposition[1].

1. Il n'est pas inutile de rappeler ici les termes et les
considérants de ce décret :

    « NAPOLÉON, etc., etc.

    « Considérant qu'il importe essentiellement à l'ordre des

Rien n'était plus dangereux qu'un tel précédent; et il était, tout à la fois, très-regrettable pour le passé et peu rassurant pour
l'avenir que le ministre ne crût pas devoir
faire suivre au moins d'une observation, d'une
réserve ou d'une promesse l'annonce d'une
violation si flagrante des règles posées par
lui-même. Que pouvait-il arriver, si un ministre venait à être changé ou à mourir, et
que son successeur ne voulût pas reconnaître
la validité des traites? Quelle autre garantie
avaient les porteurs de ces traites que la solvabilité personnelle du ministre qui couvrait

finances que les charges des budgets ne puissent être aug-
mentées sans que notre ministre des finances ait été mis
en mesure d'apprécier et de nous faire connaître s'il existe
des ressources suffisantes pour y pourvoir,

« Avons décrété et décrétons ce qui suit :

« A l'avenir aucun décret autorisant ou ordonnant des
travaux ou des mesures quelconques, pouvant avoir pour
effet d'ajouter aux charges budgétaires, ne sera soumis à
notre signature qu'accompagné de l'avis de notre ministre
des finances. »

un tel abus de sa sanction ? Répondrait-on que l'honneur de la France était engagé, et qu'elle ne pourrait, en aucun cas, désavouer la signature de ses agents ? C'est précisément parce que cela était vrai qu'il était plus indispensable d'observer toujours les formes sans lesquelles la comptabilité n'a plus de règles, sans lesquelles le contrôle devient un vain mot.

Il était certainement malheureux que la première application du système inauguré, depuis un an à peine, pour les virements de crédits, n'eût pas mieux triomphé des critiques dont ce système avait été l'objet. Mais cet échec n'était pas imprévu de tous et, pour ma part, il devait m'être permis de rappeler, comme je le fis [1], ce que j'écrivais au moment où le système des virements avait été mis en vigueur :

« On peut craindre que la faculté de virement

---

1. *La Réforme financière.*

ne remplace les crédits supplémentaires et
extraordinaires, puisque ce n'est pas seulement de l'*excédant* des chapitres qu'on
pourra changer la destination par virement,
mais bien du *disponible*, c'est-à-dire des
fonds *non encore employés* qui seront nécessaires plus tard et qu'il faudra remplacer.
Si les fonds pris sur un chapitre du budget,
au moyen d'un virement, pour faire face
à des besoins imprévus, sont indispensables
aux services réguliers, s'il faut absolument
les remplacer sous peine de désorganiser les
services, le corps législatif pourra-t-il refuser son consentement? Un virement opéré
dans ces conditions sera-t-il autre chose
qu'un crédit déguisé et la prérogative parlementaire sera-t-elle plus libre qu'elle ne
l'est aujourd'hui[1]? »

Ce que j'avais ainsi prévu s'était exactement

---

1. *La Réforme financière.* (*Revue des Deux Mondes* du
15 février 1862.)

réalisé. Après avoir avoué la nécessité de
faire régulariser par le corps législatif, « que
l'arrivée prochaine de l'époque habituelle
de sa session rendait inutile de convoquer
extraordinairement, » les dépenses faites en
dehors des prévisions du budget, sans crédit
d'aucune sorte, le rapport ajoutait : « 14 millions ont été obtenus par des virements sur
les divers ministères, et *la plupart* de ces
virements ont été opérés au moyen d'économies réalisées. » *La plupart* seulement de
ces virements étant le résultat d'économies,
il était d'autres virements par lesquels on avait
disposé de sommes nécessaires aux services
dont elles étaient distraites et qu'il fallait
leur restituer. A cet égard, comme à l'égard
des 24 millions dépensés sans crédits, le ministre montrait une entière confiance ; il
exprimait cette confiance dans les mêmes
termes que ses prédécesseurs ont souvent employés avant lui :

« Le corps législatif, dont la session s'ouvre dans quelques jours, ne refusera pas sa sanction aux dépenses dont la régularisation va lui être demandée sans délai. Ce n'est pas au sein d'une assemblée animée de sentiments aussi patriotiques que.... *et cœtera....*» M. le ministre ne devait pas être déçu dans ses espérances ; et, en effet, il serait difficile de comprendre comment le corps législatif pourrait, en pareil cas, répondre par un refus et sur qui retomberait la conséquence de ce refus, puisque ceux qui demandent un BILL D'INDEMNITÉ (pour employer une expression consacrée, plus juste dans le passé que dans le présent) sont complétement indépendants de l'assemblée à laquelle ils s'adressent et n'ont point à répondre devant elle de leur gestion. Quelqu'un voudrait-il se charger d'expliquer ce qui arriverait si le corps législatif refusait, dans des circonstances semblables, le bill d'indemnité demandé ?

On a essayé de justifier l'usage des traites, fournies pour l'expédition du Mexique, en alléguant que le moyen n'est pas nouveau et qu'il a toujours été employé. C'était prendre volontairement le change. La critique ne s'adressait pas aux traites elles-mêmes, mais aux irrégularités dont elles n'avaient été que l'instrument. Les Gouvernements sous lesquels le contrôle était le mieux assuré se sont servis de ces traites; mais les sommes ainsi dépensées étaient imputées sur des crédits réguliers. Tout peut être aisément sauvegardé, grâce à ces formes tutélaires : les droits du pouvoir et les principes d'une sage administration. Il peut arriver au contraire qu'en voulant leur en substituer d'autres, on désorganise et on complique, et qu'on enferme le pouvoir exécutif dans ce fâcheux dilemme : ou de rester désarmé en face de circonstances exceptionnelles, ou d'être réduit à violer la loi que lui-même a faite. Les règles administratives,

de même que les lois pénales, pour être efficaces doivent être facilement applicables, et
la trop grande rigueur les rend impuis-
santes quand elle ne les livre pas à l'arbitraire.

Ne demandons pas aux traditions seules du
gouvernement représentatif, qu'il est si fort
de mode de décrier, la condamnation de semblables errements ; d'ailleurs nous trouverions
difficilement un précédent dans ses annales. Allons prendre cette condamnation dans
les souvenirs du premier empire. Napoléon
était inflexible en matière de régularité
financière. Le 15 décembre 1805, il écrivait
à M. de Barbé-Marbois, alors ministre du
Trésor :

« Le ministre ne peut ordonnancer que
sur le crédit que je lui ai accordé. Je ne
sais comment vous avez pu méconnaître ce
principe et changer la destination d'aucune
somme ; d'ailleurs le monde périrait, vous

n'avez pas le droit de sortir de vos attributions[1]. »

Ce langage est rude, comme l'était souvent
celui de Napoléon lorsqu'il écrivait ou parlait
sous le coup d'une impression vive; mais il est
juste et vrai. Maître absolu d'un vaste empire
et ne reconnaissant guère d'autre volonté que
la sienne, Napoléon savait que plus il y a
absence de publicité et de contrôle exercé
par les corps délibérants, plus il est indispensable qu'un ordre extrême préside à toutes
les opérations financières. Il s'est quelquefois
laissé entraîner à des mesures arbitraires et vio-
lentes contre ceux qu'il soupçonnait de malversations ou seulement de négligences coupables;
mais la terreur salutaire qu'inspirait son cour-
roux et sa vigilance infatigable lui ont permis
d'établir et de maintenir, jusqu'au jour de sa
chute, un ordre admirable dans ses finances.

1. *Correspondance de Napoléon Ier*, tome XI, p. 585.

Je ne conseillerais pas de chercher toujours dans les correspondances que le second empire recueille et publie avec tant de soin, des leçons de modération et de prudence ; mais on peut y puiser, à coup sûr, de sages préceptes d'ordre et d'économie.

M. de Barbé-Marbois était estimé de Napoléon qui lui en donnait la preuve par ces paroles : « Je sais que vous êtes un fort honnête homme, mais je ne puis ne pas croire que vous êtes entouré de fripons. » Toutefois les irrégularités dans le service du Trésor ayant entraîné la disgrâce du ministre il fut remplacé par M. Mollien à la suite d'une sorte de conseil privé convoqué par Napoléon et qui dura neuf heures. Cette scène, qui se passa le 27 janvier 1806, au lendemain du retour d'Austerlitz, est dramatiquement racontée dans les *Mémoires d'un ministre du Trésor* [1].

1. Tome Ier, p. 432.

A peine en fonction, M. Mollien se mit résolûment à l'œuvre pour prévenir le retour des abus; il organisa, sur les bases du contrôle et de la solidarité les plus sévères, les rapports de la Trésorerie avec les divers départements ministériels.

« Une règle, dit-il dans ses Mémoires, restait commune entre le ministre du Trésor et les autres ministères, celle par laquelle la loi de finances déterminait la proportion des fonds dont chaque ministère pouvait disposer successivement, par des ordonnances motivées, sur chaque partie de son service.... Les fonds dont les ministres pouvaient disposer, chaque mois, étant déterminés par un décret de distribution dans la seconde quinzaine du mois antérieur, le premier soin du Trésor public, depuis 1806, était de s'assurer : 1° si les ordonnances qu'ils délivraient pour chaque partie de leur service n'excédaient pas les crédits qui leur

étaient ouverts ; 2° si elles s'appliquaient à
des dépenses prévues et prouvées par les
pièces produites.... Pour prévenir les mécomptes ainsi que les retards et surtout
les discussions épistolaires qui n'éclaircis-
sent pas toujours bien la langue des chiffres,
il avait été convenu que, chaque mois, les
chefs des bureaux de comptabilité de chaque
ministère viendraient comparer leur différents comptes avec ceux du Trésor : ainsi
les anciennes controverses sur la situation
des crédits n'avaient plus occasion de se
renouveler.... Tout se trouvait tellement à
jour que si quelque article de dépense des
services courants (qui ne pouvait consé-
quemment pas encore prendre place dans
les comptes imprimés) était devenu l'objet
d'une discussion ou d'un doute dans les
comités du Corps législatif, sa situation aurait pu être immédiatement vérifiée et constatée par le délégué le moins versé dans

la langue des chiffres. Les ministres s'accoutumèrent à respecter les limites de leurs budgets, à regarder les conventions faites entre eux et le Trésor comme la base des traités qu'ils pouvaient régulièrement faire avec les entrepreneurs de leurs services. Ils suivaient avec plus de soin les détails de ces services, mesuraient plus exactement les entreprises qu'ils pouvaient former, les engagements qu'ils pouvaient prendre avec les fonds dont il leur était permis de disposer. Si quelqu'une de leurs dépenses avait été insuffisamment évaluée, ils pouvaient, à l'aide de cette constante surveillance, indiquer d'avance la proportion du supplément qui leur serait nécessaire [1]. »

La longueur de cette citation ne m'a pas arrêté tant elle m'a paru à sa place. Une ré-

---

1. *Mémoires d'un ministre du Trésor*, tome II, pages 111 et suivantes.

flexion viendra certainement à l'esprit de tous
ceux qui la liront : si, à l'époque dont elle
évoque le souvenir, on avait voulu chercher
une excuse pour se soustraire à la règle, on
aurait facilement trouvé cette excuse dans la
grandeur des entreprises et dans l'imprévu
qui ne faisait certes pas défaut.

Les ministres du second empire suivent
d'autres errements, et il ne serait peut-être
pas aisé, aujourd'hui, d'appliquer les règles et
d'exercer la *constante surveillance* qu'imposait à tous la volonté de fer de Napoléon.
Cependant la constitution du second empire,
en excluant, comme celle du premier empire,
la responsabilité ministérielle, n'a pas voulu,
plus qu'elle, enlever au corps législatif tout
moyen de contrôle. La meilleure preuve que
telle n'a pas été la pensée de son auteur a
été donnée par lui-même, lorsque, frappé de
l'immense abus qui se faisait des crédits supplémentaires, frappé des plaintes du corps

législatif sur son impuissance absolue, l'Empereur a écrit la lettre du 12 novembre, a fait publier dans le *Moniteur* le mémoire de M. Fould et inauguré le système des virements. Aujourd'hui il faudra aviser de nouveau, car la complète inefficacité de ce système est démontrée jusqu'à la dernière évidence.

Il est impossible, en effet, de trouver aucune différence entre les arguments employés, de 1852 à 1862, par les organes officiels pour pallier l'abus des crédits supplémentaires et ceux qu'ils ont employés, depuis, pour pallier la violation des règles nouvelles posées par le sénatus-consulte de décembre 1861. De même il est impossible de découvrir comment le corps législatif serait mieux armé que par le passé pour faire respecter ses droits. Il y a même aujourd'hui cette différence essentielle avec le passé, qu'antérieurement au sénatus-consulte de 1861 l'excès des crédits supplémentaires n'avait que le caractère d'un abus,

d'un acte de mauvaise administration, tandis
que ce qui s'est passé en 1862, c'est-à-dire les
dépenses faites par les ministres, sans virements, sans décret, sans intervention du Conseil d'État, sans avis du ministre des finances,
constitue une violation formelle de la loi. Vainement le rapport du 27 décembre 1862 allé-
guait que, le budget de 1862 ayant été voté
avant la mise à exécution du sénatus-consulte
de 1861, ce budget avait à supporter des
charges antérieures et que cette première année devait être considérée comme une époque
de transition. — L'excuse ne pouvait être
admise, puisque, lorsque le budget rectificatif
de 1862 avait été voté, le gouvernement avait
eu toute latitude pour combler les lacunes du
budget primitif et pour faciliter la transition
entre les deux époques. La nécessité de combler ces lacunes avait été précisément invoquée, par les organes officiels, à l'appui de la
demande de 193 millions de crédits supplé-

mentaires dont 60 millions pour le ministère
de la guerre et 75 millions pour le ministère
de la marine, crédits accordés par la loi du
2 juillet 1862, principalement en vue des
dépenses extraordinaires de l'expédition du
Mexique.

En se plaçant entre deux légalités dont
l'une n'existait plus, dont l'autre n'existait
pas encore, le gouvernement s'est affranchi
à la fois des anciennes entraves et des nouvelles, il a dépouillé le pays des garanties de
l'ancien système et de celles du nouveau.

Si des besoins imprévus se sont manifestés,
si les virements n'ont pu y suffire, même
compris dans le sens si large où ils sont ap-
pliqués, il fallait absolument recourir au corps
législatif; et soutenir le contraire équivaut à
déclarer que, le même cas se représentant,
on agira de même. Pouvons-nous en douter
lorsque nous lisons dans le rapport : « L'année
1862 aura mis à l'épreuve, la plus rigoureuse

et la plus décisive, les nouvelles règles financières établies par le sénatus-consulte du 31
décembre 1861. » En face d'une pareille déclaration il faut s'attendre à tout. Que devient
le droit du corps législatif ne pouvant ni refuser de voter une dépense faite ni rappeler
au respect de la loi et de leurs propres engagements des ministres sur lesquels il n'a ni
action ni contrôle ?

Dans la discussion très-remarquable qui
s'est engagée le 6 mars 1863 au Corps législatif sur le projet de loi relatif à la demande
de 38 millions de crédits supplémentaires,
destinés à régulariser les dépenses faites en
dehors des règles posées par le sénatus-consulte du 31 décembre 1862, une vive lumière est venue éclairer cet important sujet
et apprendre aux plus incrédules ce qui pouvait résulter du système des virements. Le
rapport de la commission confié à M. Ségris
commençait par expliquer de quelle façon le

sénatus-consulte avait été appliqué. Venait
ensuite la déclaration qu'en présence de circonstances imprévues le gouvernement avait
cru pouvoir s'affranchir des obligations qui
lui étaient imposées. Le projet de loi com-
prenait deux espèces de crédits distincts : les
premiers demandés par les ministres de l'intérieur, de la justice et des finances ne pouvaient soulever d'objection sérieuse; c'é-
taient : 1° une somme de 700,000 francs,
destinée à remplacer des fonds distraits de
ceux affectés au service des prisons pour subvenir aux besoins pressants créés par la dé-
tresse de l'industrie cotonnière; 2° 300,000 fr.
pour combler l'insuffisance des allocations du
budget, au chapitre des frais de la justice cri-
minelle; 3° 11 millions pour payement de
drawbacks aux sucres exotiques réexportés
après avoir été raffinés en France, les quan-
tités sur lesquelles avait porté cette opération pendant l'exercice 1862 ayant dépassé les

prévisions. Ce n'était là que l'exécution d'une
loi et la restitution faite du droit payé à l'entrée en France. La question était fort différente à l'égard des 8 millions demandés pour
le ministère de la guerre, et des 17 millions
pour le ministère de la marine. Le Rapport
s'exprimait ainsi à ce sujet et semblait résoudre
la question en la posant :

« Votre commission s'est préoccupée de
ces crédits : non pas qu'elle méconnût les nécessités impérieuses qui les motivaient, mais
elle s'est demandé si des dépenses aussi considérables, s'élevant à plus de 25 millions,
ainsi engagées et faites sans qu'aucun crédit
ait été préalablement ouvert, soit par un décret de virement, rendu en Conseil d'État,
soit par une loi, pouvaient bien se concilier
avec les prescriptions si impératives et si sages
du sénatus-consulte et avec les dispositions
réglementaires du décret impérial sur la
comptabilité générale. »

Il y avait donc lieu de s'étonner, comme le fit M. le vicomte Lemercier, que la commission se contentât des explications de MM. les ministres sans portefeuille et des commissaires du Gouvernement, explications desquelles « IL « LUI AVAIT PARU RÉSULTER que les organes offi- « ciels s'associaient pleinement aux sentiments « de la commission sur le sénatus-consulte : « *qu'il fallait le considérer comme bon dans* « *son esprit, bon dans ses conséquences, s'ef-* « *forcer de l'améliorer si l'application y ré-* « *vélait quelques imperfections, mais qu'on* « *ne pouvait lui imputer de ne pas répondre* « *à certaines éventualités et à certains cas* « *de force majeure qu'aucun régime anté-* « *rieur n'avait pu prévenir.* » Rien n'était moins rassurant que ce langage, et, dans une circonstance aussi grave, il était certainement très-regrettable qu'une commission législative se montrât satisfaite de semblables déclarations desquelles « IL LUI AVAIT PARU RÉSULTER, »

singulière formule qui n'engageait guère ni
ceux qui l'employaient, ni ceux à qui elle
s'adressait. M. le vicomte Lemercier avait donc
raison d'être surpris que la commission n'eût
pas insisté pour obtenir des engagements plus
positifs et que, par des conclusions fort différentes de celles que les faits constatés dans
son Rapport semblaient rendre inévitables, elle
se fût bornée à témoigner des regrets, à exprimer des espérances, au lieu de formuler un
blâme. Mais, en dehors de cette question qui
ne pouvait laisser de doute dans l'esprit de
personne, il s'en présentait une autre plus
grave encore, puisqu'il s'agissait de l'interprétation du sénatus-consulte. Ce point est de la
plus haute importance, car le résultat de la
discussion a été de démontrer, jusqu'à l'évidence, que l'accord n'existait nulle part sur
la manière d'interpréter le Sénatus-consulte,
pas même entre les ministres à portefeuille,
qui avaient été chargés de l'appliquer, et le

ministre sans portefeuille qui était chargé de le défendre. Il est nécessaire d'entrer à cet égard dans quelques explications.

Le sénatus-consulte du 31 décembre 1862 comporte deux espèces de virements :

1° Le véritable virement dans l'acception propre du mot, c'est-à-dire celui qui consiste à prendre les fonds restés libres d'un chapitre, richement doté, pour les reporter sur un autre, qui ne l'est pas assez.

2° Le virement que le rapport de la commission a appelé PROVISOIRE, OU PAR EMPRUNT, au moyen duquel on emprunte à un chapitre ou à plusieurs chapitres des fonds nécessaires aux services publics, pour les consacrer à d'autres besoins, sauf à demander au corps législatif, dans sa prochaine session, de restituer ces fonds aux chapitres qui en ont été momentanément privés.

La commission acceptait les deux modes de virements, comme conséquence inévitable du sénatus-consulte, et s'efforçait de prouver qu'il valait encore mieux avoir les virements, malgré leur imperfection, que de livrer les dépenses à l'arbitraire d'un ministre :

« Si votre commission insiste à cet égard, bien que le virement à titre provisoire donne presque toujours lieu plus tard à une restitution (comme vous venez de le voir au ministère de l'intérieur), c'est que, par le virement, les dépenses nouvelles ne peuvent s'engager sans de sérieuses garanties, sans le contreseing du ministre des finances, qui doit toujours pouvoir embrasser, dans leur ensemble et dans leurs développements, toutes les dépenses des autres départements ministériels, sans l'examen préalable, toujours si éclairé, du Conseil d'État, sans un décret impérial, garanties dont aucune ne s'est rencontrée autour des dépenses nouvelles, aujourd'hui engagées et faites, des ministères de la guerre et de la marine, pour lesquelles des suppléments

de crédits vous sont en ce moment demandés. »

La théorie de la commission ouvre la porte
toute grande aux crédits illimités. Du moment
où il serait admis que les ministres, d'accord
entre eux et avec le Conseil d'État, pourraient,
au moyen d'un décret, prélever, sur tout
l'ensemble du budget, toutes les sommes dont
ils voudraient disposer, fussent-elles rigoureusement nécessaires aux services les plus
urgents, il serait difficile de trouver quelque
part une garantie quelconque pour les droits
du Corps législatif. Comme l'a si bien dit
M. Fould, dans son mémoire de 1861 : « Que
pourrait faire, en pareil cas, le Corps législatif, sinon voter les fonds qui lui seraient demandés? »

M. Magne, ministre sans portefeuille, fit
à M. le vicomte Lemercier une réponse embarrassée. Il ne pouvait nier les irrégularités;
il les avoua en cherchant à les excuser et

demanda *un bill d'indemnité*. Il ne s'expliqua
pas sur le système des virements en lui-même,
promettant seulement qu'à l'avenir « toutes
les dépenses nouvelles seraient entourées de
toutes les garanties qui s'attachent aux vire
ments de crédits ou de garanties équivalentes [1].» M. Magne oublia de dire quelles seraient
ces garanties équivalentes.

[1]. « La dépense étant indispensable, urgente, le gouvernement ne devait pas reculer devant la crainte d'engager
sa responsabilité : c'est ce qu'il a fait ; et, en expliquant
loyalement sa conduite, il vient vous demander un bill
d'indemnité.

« La commission du budget fait remarquer que, dans ce
cas, les ministres ayant agi seuls, de leur propre mouvement, sans l'avis préalable du ministre des finances, sans
le contrôle du Conseil d'État, sans la publicité d'un décret,
on se trouve avoir perdu à la fois et les garanties qu'offrent
les virements, et celles qui s'attachaient aux crédits supplémentaires.

« Ici nous avons dit à la commission : vous avez raison:
votre observation est juste. Il est certain que par la manière
dont le Sénatus-consulte a fonctionné dans ce cas particulier
et tout exceptionnel, les garanties anciennes ont disparu, et
que les auteurs du sénatus-consulte n'ont pas pu avoir cette

M. Émile Ollivier, en répondant à M. Magne, démontra jusqu'à l'évidence la fragilité
du système des virements, prouva qu'innover
n'était pas perfectionner et soutint, avec grande
force et grande raison, qu'on eût fait beaucoup
plus en exigeant l'observation des anciennes
règles relatives aux crédits extrabudgétaires
et en y ajoutant purement et simplement
l'obligation de soumettre les crédits supplémentaires (comme cela se pratiquait, avant le
sénatus-consulte, pour les crédits extraordi-

pensée; car le gouvernement a donné une preuve éclatante
de son désir d'augmenter et non d'affaiblir les garanties
financières et le contrôle de la chambre. Il sera donc tenu
grand compte des observations de la commission.

« A l'avenir, le Sénatus-consulte sera interprété comme
l'interprète la commission elle-même, et les dépenses nouvelles, même exceptionnelles, seront entourées de toutes
les garanties qui s'attachent aux virements de crédits ou de
garanties équivalentes, de manière que les observations
fondées de la commission sur l'absence de garanties ne
puissent pas se reproduire à l'égard des dépenses extraordinaires qui seraient engagées à l'avenir. » (Discours de
M. Magne. *Moniteur* du 7 mars 1863.)

naires et comme cela s'était toujours pratiqué
sous la monarchie représentative) à l'approbation du corps législatif, non pas deux ans
après les faits accomplis, mais dès l'ouverture
de la session [1].

Le débat devait bientôt s'élever et prendre
son vrai sens et ses vraies proportions, grâce

[1]. « Il y a deux manières très-différentes de comprendre
la théorie des virements. Il y en a une première qui est
celle, je crois pouvoir le dire, que le Conseil d'État a défendue pendant de longues années, que les financiers en
général ont adoptée et que l'honorable M. Magne, particulièrement, a défendue et fait prévaloir pendant qu'il était
lui-même ministre des finances.

« Dans cette théorie, le virement n'est considéré comme
possible et comme légitime que lorsqu'il y a un excédant
définitif sur un chapitre, le virement est dit alors définitif;
ou lorsqu'un chapitre offre au moins un excédant momen-
tané....

« M. Fould pense différemment; selon lui, dans aucun
cas, quand il y a imprévu, urgence, le virement ne doit
rencontrer d'obstacle; on ne doit s'arrêter devant rien; on
doit prendre de l'argent partout où on en trouve. Le gouvernement a le droit de dire : sans doute la somme que je
prends a déjà été engagée dans telle ou telle entreprise,
mais elle m'est nécessaire, je m'en saisis. Lors de la con-

à la parole habile et ferme, en même temps
que modérée, d'un homme dont on peut ne
pas partager toutes les opinions, mais dont
il est impossible de méconnaître le talent.
M. Émile Ollivier, avec une inflexible logique,
montra où était le vrai, le seul remède :
« Enfin, messieurs, savez-vous quelle serait

vocation extraordinaire du corps législatif, ou lors de sa
session ordinaire, je demanderai le rétablissement de ce
que j'ai employé extraordinairement.

« Il y avait un remède autre que celui que l'honorable
M. Fould a proposé, et bien plus efficace.

« Il eût fallu simplement, selon moi, accueillir le vœu de
vos commissions du budget, rétablir la spécialité, exiger
que toutes les règles traditionnelles relatives aux crédits
supplémentaires fussent de nouveau introduites dans notre
législation financière. Il eût fallu établir que les crédits
supplémentaires ne pussent être ouverts que pour les services compris dans la nomenclature votée d'avance, et exiger
que, chaque année, à l'ouverture de la session, on soumît à
votre approbation les crédits extrabudgétaires, ce qui se
faisait avant le Sénatus-consulte pour les crédits extraordinaires, mais ce qui, pour les crédits supplémentaires,
n'avait lieu que deux ans après les faits accomplis.

« Il fallait enfin, si l'étude et le perfectionnement devaient
se porter quelque part, les porter dans la législation des

l'innovation vraiment désirable en matière financière, celle que M. Fould n'a pas la hardiesse de réclamer dans son mémoire? C'est le rétablissement de la responsabilité pour ceux qui disposent des fonds publics et qui commandent les dépenses.

« Je ne veux pas entrer dans une discussion constitutionnelle ni surtout attaquer les lois qui nous régissent. Seulement, messieurs,

crédits extraordinaires et non pas les détruire, leur substituer un mécanisme que je considère comme beaucoup plus dangereux.

« On n'innove pas légèrement en matière de finances. Le progrès sans doute y est très-désirable, mais il n'est réel, il n'est fécond qu'autant qu'il est la consécration d'un travail préparatoire sérieux. Notre législation financière est une des plus belles œuvres qui aient été accomplies par la France depuis 1815; elle a été le résultat, non-seulement des efforts de quelques hommes éminents, tels que MM. le comte Roy, le baron Louis, de Villèle, Thiers et autres que j'omets ; elle a été aussi le résultat des travaux éclairés et patients de ces hommes distingués à la fois si modestes et si utiles qui remplissent les commissions des budgets depuis 1815, et qui, pendant de longs mois, se consacraient, durant chaque session, à l'étude laborieuse de

je crois que je ne serai démenti par aucun
de vous, lorsque je dirai que rendre responsable le chef de l'État est une entreprise tellement formidable, un droit dont l'exercice
doit inspirer une telle terreur qu'on peut
affirmer que cette responsabilité sera presque
toujours illusoire. Pour que la responsabilité
soit sérieuse, il importe qu'au-dessous du chef

notre mécanisme financier, et qui, chaque année, y intro-
duisaient un perfectionnement.

« Avant de toucher à une telle législation pour la détruire
et y substituer un système entièrement nouveau, il fallait
être bien sûr de ce qu'on tentait et avoir la certitude que
le système n'échouerait pas à sa première application.

« Quant à moi, je n'hésite pas à dire, après une sérieuse
méditation, que l'honorable M. Fould s'est trompé, que
son système de virement est une innovation fâcheuse.

« Je crois que le Conseil d'État, les financiers, l'honorable
M. Magne ont raison, et que le virement, en le supposant
admis, est perturbateur lorsqu'il n'opère pas sur un excédant réel.

« Les virements, opérés sur des services qui fonctionnent
et qui ont besoin des fonds qu'on leur a consacrés, me
semblent une erreur financière, un trouble administratif. »
(Discours de M. Émile Ollivier. *Moniteur* du 7 mars 1863.)

de l'État quiconque agit comme lui soit responsable comme lui. De ce que celui qui est
au sommet doit répondre de ses actes, il ne
s'ensuit pas que ceux qui, sur les échelons
inférieurs, agissent et gouvernent, doivent
rester irresponsables.

« Voilà le remède financier efficace ; tant
que vous n'y serez pas revenus, tant qu'on
ne vous aura pas donné une garantie sérieuse,
en envoyant devant vous des ministres qui
devront vous rendre compte et trembler devant vos décisions, tout ce qu'on établira en
finances sera inutile : vos virements ne suffiront à rien, vous vous trouverez sans cesse
en présence de demandes de bills d'indemnité, ce qui est très-regrettable, car il n'est
pas bon qu'un gouvernement donne lui-même
l'exemple de la violation de la loi qu'il a
établie.

« J'ai pensé que cette discussion importait
à la dignité du corps législatif. Le sénatus-

consulte a été voté très-régulièrement, mais
en dehors de nous. Du moins, il nous reste le
droit d'examiner son application, de façon à
ce que, en regard d'une théorie qui s'est établie sans notre consentement, on puisse placer
les résultats pratiques qui seront fournis par
nos discussions et par nos votes.... »

Après ce discours les organes du gouvernement ne prirent pas la parole ; le rapporteur de la commission répliqua seul, mais ne
répondit pas.

Un des côtés les plus curieux de cette discussion, qui n'échappa ni au corps législatif
ni à la malignité publique, c'est que M. Magne, tout en justifiant le gouvernement, laissa
deviner qu'il comptait peu sur l'efficacité du
système que sa position l'obligeait de défendre.
Ses auditeurs ne l'entendirent pas sans une
certaine surprise se servir d'expressions du
genre de celles-ci : « A tort ou à raison, c'est
ainsi que le sénatus-consulte a été interprété. »

L'avocat sembla se complaire, un peu trop pour les intérêts de sa partie, dans l'aveu que les anciennes garanties avaient disparu, tandis que les nouvelles n'avaient pas été respectées. Par un bizarre et piquant contraste, M. Magne se trouvait chargé de constater, en les atténuant, les irrégularités auxquelles venait de donner lieu la première application du système financier de M. Fould, et ce système n'avait été proposé, par ce dernier, que comme remède aux abus nés, principalement sous le ministère de M. Magne, de la pratique irrégulière de l'ancien système. Il était évident que, subissant une loi commune à l'humanité tout entière, chacun des deux ministres de l'empereur s'était senti tour à tour entraîné à voir les choses sous un aspect différent, selon qu'était changé le point de vue d'où il les envisageait.

Mais il y avait à tirer un enseignement utile de cette situation singulière. Il n'est

personne qui n'ait pensé, et M. Fould probablement tout le premier, que d'autres arguments auraient pu être employés pour sa défense. Au fond, M. Fould avait moins à se
reprocher d'avoir rendu les abus possibles que
de les avoir tolérés et, jusqu'à un certain point,
couverts de sa présence. En se retirant ou
en protestant hautement, il eût certainement
pu soutenir que son système ne devait pas
être jugé sur une pareille épreuve; que le
succès d'un plan quelconque dépend du concours de ceux qui sont chargés de l'exécution;
que les abus sont toujours possibles et que,
pour les prévenir, les législations sont moins
puissantes que les conduites. Il est vrai
qu'en agissant et qu'en parlant ainsi M. Fould
aurait agi et parlé en ministre responsable
d'un gouvernement représentatif, et il n'avait
pas à se plaindre que cette satisfaction lui fût
refusée, puisqu'il n'avait jamais été en droit
d'y prétendre. Toutefois, l'impression qui resta

dans l'esprit de ceux qui assistèrent à cette discussion et que partageront ceux qui la liront,
c'est que tout le monde, et surtout le pouvoir,
gagnerait à ce que les actes du gouvernement
fussent défendus par ceux qui en sont les auteurs ou qui les couvrent de leur signature.

Lorsque le projet de loi relatif aux crédits
supplémentaires de 1862 fut porté au Sénat,
M. le marquis d'Audiffret ouvrit la discussion,
et, sous une forme modérée, se livra à une
juste et ferme appréciation des conséquences
qui pourraient résulter de l'interprétation du
sénatus-consulte du 31 décembre 1861. Il fit
voir où conduirait la doctrine que tous les
événements *de force majeure* peuvent dispenser, à la fois, de convoquer le corps législatif et de se renfermer dans les virements
de crédits.

. « Si nous entrions dans cette voie, dit-il,
nous serions entraînés à faire des dépenses
qui ne trouveraient plus de provision dans

les caisses du Trésor. Le ministre des finances pourrait voir, à son insu, grossir la dette flottante et se trouver.dans une position embarrassée.... L'impatience du bien et la passion de la gloire sont deux très-nobles sentiments, mais qui ne sont pas toujours très-compatibles avec l'équilibre du budget. » Il fut aisé de voir que la pensée de M. le marquis d'Audiffret allait au delà de l'expression qu'il jugeait à propos de lui donner, lorsque expliquant quels moyens de garantie et de contrôle, sous la Restauration, possédait le ministre des finances contre l'abus des dépenses, il ajoutait :

« C'est ainsi que la dette flottante et la dette inscrite se sont alors maintenues dans des proportions modérées. Sous le régime politique suivant, des garanties sérieuses ont été également établies pour arrêter le développement exagéré des dépenses. Peut-être ces garanties nouvelles ont-elles été poussées quelquefois au delà du but et ont-elles enchaîné l'admi-

nistration dans les limites trop étroites d'une
spécialité trop détaillée; mais je dois reconnaître que ces restrictions embarrassantes con-
tenaient les ordonnateurs et prévenaient l'extension des dépenses publiques. ».

M. Fould prit ensuite la parole. Il venait,
comme sénateur, présenter la justification de
ses actes qu'il n'avait pas le droit de défendre
comme ministre. Son discours, il faut bien le
dire, ne répondit pas à l'attente générale.
Quelques personnes avaient pensé que, dans
ces explications annoncées à l'avance avec
une certaine solennité, le ministre, s'inspirant
courageusement du souvenir de son mémoire
de 1860, ne chercherait pas à dissimuler le
véritable caractère du débat. Conciliant l'intérêt de sa défense avec un service à rendre
au gouvernement de l'empereur et au pays,
il aurait aisément prouvé, s'il l'eût voulu,
que la réforme tentée était venue se briser
sur un écueil dont il n'avait pas dépendu de

lui de la préserver et que les règlements les
plus sages ne servent de rien contre qui possède le pouvoir de s'en affranchir. M. Fould
préféra ne pas sortir du cercle des arguments
déjà produits et s'étendit sur l'efficacité théorique du système des virements. Il entreprit
l'œuvre encore plus ardue de refaire hypothétiquement l'équilibre du budget de 1862
et de consoler ses auditeurs du fâcheux état
de nos finances par le tableau de ce qu'elles
auraient pu être. Il remonta jusqu'à 1840
pour trouver, sous le régime de la monarchie
représentative, un exemple de crédits extraordinaires considérables ouverts dans l'intervalle
de deux sessions. Le précédent invoqué tombait doublement à faux; car, en 1840, le Gouvernement fut surpris par des événements imprévus et non pas engagé volontairement dans
une entreprise délibérée, préparée, commencée
par lui-même et, de plus, la charte de 1830
donnait alors, pour garanties au pays, des

droits dont les Chambres pouvaient user si elles jugeaient à propos de le faire, droits que le Corps législatif chercherait vainement dans la Constitution de 1852. — Le sénateur-ministre s'efforça, en outre, de réfuter ceux qui avaient soutenu que différer de trois mois le payement de 35 millions d'un trimestre de rentes n'était pàs créer une ressource sérieuse; il se donna la satisfaction facile d'apprendre à ceux qui pouvaient l'ignorer (personne d'ailleurs n'ayant prétendu le contraire) que les virements ne feraient pas disparaître *toutes* les annulations de crédits[1]. Mais on remarqua, avec peine, l'absence de vues générales et

---

1. On aurait pu rappeler à M. Fould l'opinion d'un de ses prédécesseurs. M. Bineau disait au corps législatif, le 8 février 1853 : « La faculté de virement d'un chapitre à l'autre supprimera la presque totalité des annulations de crédits. » — Il n'y a pas une seule discussion financière de ces dernières années où il ne soit facile de relever les plus étranges contradictions entre les divers organes du gouvernement, non-seulement sur les chiffres, mais sur les principes et sur les moyens d'administration.

élevées dans ce discours dont la seule conclusion fut la promesse d'économies futures,
« moyen certain d'arriver à la réduction des
charges publiques et d'ajouter une nouvelle
gloire à toutes celles dont l'empire a doté la
France. » C'est là le seul point sur lequel tout
le monde se trouva d'accord avec le ministre.
Malheureusement l'accord sur le remède n'im-
plique pas l'espoir de le voir prochainement
adopté.

Peu de jours après la discussion du sénat
un curieux incident vint jeter une vive lumière sur l'antagonisme qui peut exister entre
les ministres de l'action et les ministres de
la parole. La portée de cet incident est assez
grave pour que l'attention s'y arrête; il a fait
assez de bruit pour qu'il suffise de le raconter
brièvement.

Quelques journaux avaient publié des articles fort élogieux pour le ministre des finances,
articles dans lesquels le public impartial put

trouver que les idées et l'administration de
M. Fould, non-seulement étaient trop vantées,
mais l'étaient, sans suffisante justice, aux dé-
pens de ses prédécesseurs, ni plus ni moins
coupables que lui, ni plus ni moins malheureux dans leur impuissance à réduire les
crédits extrabudgétaires. Un communiqué fut
adressé à ces journaux. Ce communiqué,
émané du ministère de l'intérieur, établissait
que les crédits extraordinaires de 1862 étaient
de 300 millions et non de 35 millions (comme
on l'avait dit en confondant le déficit avoué
avec les crédits extrabudgétaires). Il rappelait
assez vertement les auteurs ou les inspirateurs
des articles à la convenance de comparaisons
plus modestes et plus équitables entre deux
époques assez rapprochées pour que le Gouvernement impérial, ou, du moins, quelques-
uns de ses membres ne pussent voir avec indifférence le sacrifice, fait au présent, d'un
passé fort récent.

Pendant vingt-quatre heures, tous les hommes un peu au courant de ce qui se passe surent que M. Fould, vivement blessé, avait donné sa démission ; la Bourse éprouva une secousse qui se traduisit en une forte baisse. Le surlendemain le *Moniteur* annonça que M. Magne avait cessé d'être l'organe du gouvernement devant le corps législatif et devant le sénat. Une lettre de l'empereur remercia M. Magne de ses services, l'appela au Conseil privé et ne donna, d'ailleurs, d'autre explication de ces changements que la simple mention « d'un incident dont M. Magne n'avait pas la responsabilité et qui avait fait ressortir davantage la divergence existant entre M. Fould et lui sur la question de finances. »

Sans que l'on cherche à pénétrer les mystères et les dissentiments que couvre le prudent laconisme du *Moniteur* (ce qui serait à la fois assez triste et fort inutile), les réflexions

les plus sérieuses s'offrent en foule à l'esprit.
N'est-ce pas une singulière condition que celle
de la presse sous un régime tel que pas un
journal n'a osé, pendant les deux ou trois
premiers jours, dire un seul mot de cette af-
faire et n'en a parlé ensuite qu'avec des précautions infinies? Quelles ont dû être les conjectures formées dans les départements et
même à Paris, par beaucoup de gens, sur les
causes de l'émotion qui s'était produite à la
Bourse? N'aurait-il pas mieux valu cent fois,
pour tout le monde et pour le gouvernement
tout le premier, que quelques commentaires,
fussent-ils peu exacts, fussent-ils même mal-
veillants, vinssent mettre le public un peu sur
la voie, au lieu de laisser les suppositions s'é-
garer à l'infini? La crainte d'être frappés, comme
auteurs de fausses nouvelles, fit taire tous les
journaux, et certainement aucun homme sensé
ne croira qu'en pareilles circonstances ce silence puisse être avantageux pour personne.

Pendant qu'ils n'osaient pas entretenir le public
d'une question intérieure d'un si grand intérêt, les journaux avaient d'ailleurs toute
liberté d'enlever Rome au pape et la Pologne
à la Russie, de réclamer le retrait de nos
troupes d'Italie et la présence d'une armée
sur la Vistule. Ils pouvaient librement discuter
de la paix et de la guerre, remanier la carte
de l'Europe; mais il leur était interdit de dire
pourquoi un ministre se retirait et pourquoi
les fonds publics baissaient. Ce n'était pas là
toutefois ce que l'incident offrait de plus remarquable. La gravité de cet incident était
dans la démonstration désormais complète
des inconvénients que le gouvernement trouverait à laisser la défense de ses actes entre
les mains d'hommes étrangers à ces actes. Le
talent de l'avocat ne suffit pas devant les assemblées politiques. Il faut le combat au lieu
du tournoi; il faut l'action personnelle; il faut
la chaleur de la conviction et l'enjeu de la res-

ponsabilité morale, quand il n'en existe pas
d'autre ; il faut le ministre agissant en face du
député contrôlant. D'ailleurs quel est, au bar-
reau, l'avocat soucieux de sa renommée qui
voudrait se charger d'une cause qu'il jugerait
mauvaise et plaider pour un client dont il
condamnerait les moyens de défense? Ce qui
porterait préjudice à l'avocat ne peut être sans
dommage pour l'homme politique ; ce qui
aliénerait un tribunal ne peut concilier une assemblée législative. Le différend entre M. Fould
et M. Magne s'était prolongé trop longtemps,
quoiqu'il ne fût un secret pour personne. Il
fut sage de mettre un terme à cette situation;
il ne le serait pas de s'exposer à ce qu'elle
se renouvelât.

CHAPITRE III

LES BUDGETS

CHAPITRE III.

LES BUDGETS.

Je me suis efforcé, dans ce qui précède, de démontrer, par le raisonnement et par l'accumulation des témoignages, la nécessité d'une réforme financière sérieuse; j'ai indiqué quel serait le seul moyen d'y parvenir. Je vais maintenant donner les preuves de ce que dix

10

années peuvent apporter de changements dans la situation financière d'un pays.

Le véritable état de nos finances est généralement mal connu. Il faut en chercher les détails dans de volumineux recueils où tout le monde n'a pas l'habitude de lire. Les *budgets et les comptes* sont un dédale dans lequel, sans une complète initiation, nul n'est certain de ne pas s'égarer. Jamais, même dans les assemblées législatives, la distinction entre les recettes et les dépenses *ordinaires et extraordinaires* n'a réussi à s'établir complétement au gré de tous; les dissentiments à cet égard ont, de tout temps, survécu à la discussion et au vote des budgets; d'ailleurs, de tout temps aussi, l'art de grouper et de présenter les chiffres est venu au secours des rédacteurs de lois de finances et d'exposés des motifs.

Il est aujourd'hui devenu difficile d'exprimer, avec la plus parfaite modération, mais

avec indépendance et fermeté, une opinion
sur les affaires du pays, sans encourir immédiatement le reproche d'être égaré par l'esprit de parti. Dans la langue que parlent
certains défenseurs officieux du pouvoir, la
critique la plus calme et la mieux appuyée de
preuves, s'appelle dénigrement systématique; et
quelques-uns de ces fougueux champions ont
poussé leur naïve intolérance jusqu'à déclarer
qu'un ennemi du gouvernement pouvait seul
demander des enseignements aux souvenirs du
passé, et qu'il fallait manquer de patriotisme
pour oser chercher hors de France des exemples de bonne administration financière. Ces
amis maladroits auraient dû se rappeler ce que
M. Magne, ministre sans portefeuille, disait au
corps législatif dans la séance du 18 mars 1861 :
« Les finances de l'État ne peuvent être appréciées qu'à un point de vue comparatif; il
n'y a rien d'absolu dans la situation financière
d'un pays; on ne peut savoir si elle est bonne

ou mauvaise qu'en la comparant soit à une autre époque dans le même pays, soit avec d'autres pays. » Ces comparaisons ont été de tout temps nécessaires; elles le sont plus que jamais aujourd'hui, car la nouvelle division du budget, la classification séparée des dépenses sur ressources spéciales (qu'on a fort improprement appelée un *budget d'ordre*)[1] pourraient accréditer de singulières erreurs dans ce public nombreux qui saisit quelques chiffres au passage, les grave dans sa mémoire et cherche rarement à se rendre un compte exact de la signification réelle de ces chiffres. Ainsi le budget *ordinaire* de 1864 offre, en prévision de dépenses, un total de 1,778,461,501 fr., et ceux qui se rappellent que les derniers bud-

1. *Exposé des motifs du budget de* 1863, page 22. Les dépenses départementales et autres, qui se trouvent classées dans cette nomenclature, font peser sur les contribuables des charges tout aussi réelles que les dépenses qui passent par les mains de l'administration centrale et la progression croissante de ces charges est aussi lourde à supporter.

gets de la monarchie constitutionnelle ont été présentés entre 1 milliard 300 millions et 1 milliard 400 millions de francs, réglés entre 1 milliard 500 millions et 1 milliard 600 millions de francs, que le budget de 1862 s'élevait à 1 milliard 969 millions de francs, ceux-là ont encore à procéder à une double opération avant de posséder le véritable chiffre correspondant de l'exercice 1864.

Aux dépenses du budget *ordinaire* de 1864, qui s'élèvent à...................... 1,778,461,501 fr.

Il faut ajouter :

1° les dépenses sur ressources spéciales. 222,189,123
2° les dépenses du budget extraordinaire. 104,015,000

Ce qui donne un budget total de..... 2,104,665,624

Ce total dépasse de 135 millions le budget *voté* de 1862, et de 654 millions le budget voté de 1852.

Pour mieux faire apprécier la distance qui nous sépare du passé, quelques tableaux se-

ront destinés à rapprocher les principaux éléments du budget de 1847, RÉGLÉ par la loi
des comptes, de ceux du budget de l'exercice
1863, tel qu'il a été PRÉSENTÉ dans la session
de 1862. Le budget de 1847 a été choisi à
dessein; c'est le dernier et le plus élevé des
budgets de la monarchie parlementaire; il n'a
été réglé définitivement qu'après la révolution
de février, et ce règlement, qui servira de
base aux calculs, a laissé un découvert considérable. C'est à ce *budget réglé* que sera
comparé le *budget présenté* pour 1863[1].

Les lois de finances du 3 juillet 1846 avaient
établi le budget de 1847 sur les bases suivantes :

	fr.
Dépenses ordinaires et extraordinaires..	1,458,000,000
Recettes ordinaires et extraordinaires...	1,357,000,000
Excédant présumé des dépenses....	101,000,000

1. Le budget de 1864 est venu trop tard en mes mains
pour que j'aie pu le prendre pour terme de comparai-

Diverses lois votées dans la même session changèrent ainsi ces chiffres :

	fr.
Dépenses ordinaires et extraordinaires..	1,532,000,000
Recettes ordinaires et extraordinaire.. .	1,359,000,000
Ce qui fixait l'excédant présumé des dépenses à..........................	173,000,000
Enfin le règlement définitif a porté les dépenses à........................	1,629,000,000
les recettes à..........................	1,372,000,000
Laissant un découvert total de [1]........	257,000,000

et présentant un excédant de 97 millions de dépenses sur les prévisions et les votes législatifs.

Chacun sait que l'année 1847 a été une année exceptionnelle par une triple crise ali-

son. J'ai donc dû m'arrêter à celui de 1863, ce dont, d'ailleurs, n'auront pas droit de se plaindre ceux à qui déplairaient mes comparaisons, puisque lo budget de 1864 dépasse de 12 millions celui de 1863.

1. Je ne veux pas discuter ici ces découverts; il me suffira de faire quelques réserves. Les comptes des gouvernements tombés ne sont jamais réglés par leurs successeurs avec une parfaite équité. Ceux qui voudraient plus de renseignements feront bien de consulter l'excellent écrit de

mentaire, financière et industrielle. Cependant
177 millions ont été consacrés aux travaux
extraordinaires. Quant à l'amortissement, sur
les 113 millions que le Trésor devait verser à
la caisse pendant l'exercice, 34 millions ont
été employés en rachats directs de rentes, et
79 millions ont été consolidés.

M. Dumon sur l'*équilibre des budgets de la monarchie*,
publié dans la *Revue* du 15 décembre 1849. Je donnerai,
en passant, une seule information. M. Fould, en présentant le budget de 1863, a évalué le total des découverts
à .... 963,000,000 fr.

Si, acceptant ce chiffre, on déduit les découverts antérieurs à 1830, soit...... 230,000,000

Il reste , pour les exercices postérieurs
à 1830....................... 733,000,000

Voici quelle est la part de chaque période :
1° De 1830 à 1848 (déduction faite des
extinctions opérées de 1840 à 1848 au
moyen des fonds disponibles des réserves de l'amortissement)........ 62,000,000
2° De 1848 à 1852...... 359,900,000
3° De 1852 à 1861................ 312,000,000

Total........ .... 733,000,000 fr.

Voici les tableaux généraux des recettes
et des dépenses pour les deux époques.

BUDGET DES RECETTES.	1863 RECETTES EN PRÉVISIÒN.	1847 RECETTES RÉALISÉES.
	fr.	fr.
Contributions directes; fonds généraux.....	304,847,500	292,091,711
Fonds spéciaux des départements et des communes, et produits éventuels............	223,037,785	131,343,849
Enregistrement, timbre et domaines........	410,475,016	271,496,058
Produits des forêts et de la pêche..........	44,433,500	29,434,929
Douanes, sels, sucres indigènes, coloniaux et étrangers.........................		
Au budget ordinaire......... 211,355,000	279,725,000	238,155,104
Au budget extraordinaire..... 68,370,000		
Contributions indirectes [1]..............	476,791.000	267,857,674
Postes	66,452,000	53,287,196
Produits divers................	80,243,816	59,142,833
Ressources extraordinaires [2].............	70,500,000	29,578,096
Réserves de l'amortissement............	150,858,901	»
Total des recettes [3]............	2,107,364.518	1,372,387,450
Différence en plus pour 1863..............	734,977,068	
Mais, le règlement définitif du budget de 1847 ayant présenté un decouvert de.......	257,290,639	
il en résulte que si le budget de 1863 (ce qui n'est guère probable) se règle sans dépenses autres que celles qui ont été prévues et sans affectation de nouvelles ressources, ce budget excédera encore celui de 1847 de..	477,686,429	

1. Déduction faite du sucre indigène, qui figure à l'article précédent pour. . . . . . et du sel dont le droit est perçu hors du rayon	fr. 31,717,000
des douanes, qui y figure également pour. .	11,184,000
Ensemble.	42,901,000

2. Le total des ressources du budget extraordinaire est de 138,870,000:
Solde des obligations trentenaires et

Il est malheureusement trop certain qu'un budget rectificatif qui, je n'hésite pas à l'affirmer, dépassera 150 millions, viendra porter à plus de 600 millions la différence entre 1847 et 1863.

Versements des compagnies de chemins de fer.	57,500,000
3ᵉ annuité de l'indemnité chinoise. .	10,000,000
Surtaxe des sucres et du sel.	68,370,000
Ventes de terrains domaniaux. . . .	3,000,000
Ensemble.	138,870,000

Mais, 68,370,000 fr. figurent ici, à l'article douanes, sels.

3. (Note de la page précédente.) Dans le budget tel qu'il est présenté, ce chiffre se décompose ainsi : 🐟

Recettes ordinaires y compris les ressources de l'amortissement. . . .	1,745,506,733
Ressources du budget spécial des départements et des communes. . .	223,037,785
Ressources du budget extraordinaire.	138,870,000
Total des recettes. . . .	2,107,414,518

Les dépenses de toute nature sont évaluées à.	2,091,805,662
Excédant en prévision. . .	15,608,856

BUDGET DES DÉPENSES.	1863 (Prévisions.)	1847 (Budget réglé)
	fr.	fr.
Dette publique et dotations.........	666,809,709	399,421,628
Services des ministères [1]..........	808,014,839	814,915,117
Frais de régie et de perception.....	224,667,829	154,306,363
Remboursements , non - valeurs, primes, etc....................	30,405,500	83,583,556
Total du budget ordinaire de 1863.	1,729,897,877	»
Budget des départements et des communes.	223,037,785	»
Budget et travaux extraordinaires ..	138,870,000	»
Travaux extraordinaires....	»	177,451,425
Total des dépenses ordinaires et extraordinaires.................	2,091,805,662	1,629,678,089
Différence en plus pour 1863....	462,127,573	»
Différence qui s'augmentera de tous les crédits supplémentaires de 1863.		

Ici se place naturellement un renseignement à l'adresse de ceux qui se plaignaient autrefois de ne pas avoir un gouvernement à bon marché. Ils reconnaîtront probablement que ce n'est pas sous ce rapport que la France a gagné à ses dernières révolutions lorsqu'ils

1. Le véritable chiffre de comparaison est pour 1863 de 1,031,052,624 f., car il faut y comprendre les 223,037,785 f. du budget des départements et des communes qui, en 1847, se fondait tout entier dans les budgets des divers ministères.

verront que les pouvoirs de l'État, le Gouvernement proprement dit, les chambres, les Ministres, l'administration centrale coûtent à peu près une fois plus qu'il y a quinze ans.

AFFECTATIONS.	1865	1847
	fr.	fr.
Liste civile......................	25,000,000	12,000,000
Princes et princesses............	1,500,000	1,300,000
Dépenses des deux chambres.......	9,419,000	1,530,000
Conseil d'État...................	2,277,700	813,800
Cour des comptes.................	1,515,100	1,262,895
Ministres et administration centrale des ministères..................	18,204,356	14,622,911
Conseil privé....................	300,000	»
Ministres sans portefeuille	316,000	»
	58,532,156	31,529,606
Différence en plus..........	27,002,550	

Il faut, encore une fois, faire remarquer que

1. Indépendamment du produit des domaines de la dotation de la couronne. On sait quelles sommes énormes (plus de 30 millions), prises sur les fonds de la liste civile et du domaine privé, ont été consacrées par le roi Louis-Philippe, à la restauration des palais de Versailles et de Fontainebleau, et aux travaux extraordinaires du Louvre. et des Tuileries. Un sénatus-consulte du 20 juin 1860 met aujourd'hui toutes les dépenses de gros entretien des bâtiments de la dotation de la couronne à la charge de l'État.

la somme de 1 milliard 629 millions forme, pour 1847, le total d'un budget réglé; les 2 milliards 91 millions de 1863 sont *une prévision*.

Pour bien comprendre à quel point un des budgets actuels peut varier dans les diverses phases qu'il doit traverser, il suffit de se rappeler que le budget de 1860, voté à 1 milliard 825 millions, a été réglé à 2 milliards 84 millions, avec une différence entre les prévisions et la réalité de 259 millions; en 1859 la différence a été de 442 millions. Le compte provisoire de 1861 porte les dépenses à . . . . 2,207,938,868 fr.

La loi de finances du 26 juillet 1860 avait évalué les recettes à 1 840 775 670, et les dépenses à 1,840,121,858

Les prévisions de dépenses ont donc été dépassées de . . . . 367,817,010 fr.

Le vague reste encore très-grand pour 1862.
La loi de finances de 1861 a fixé les dépenses
de 1862 à 1 969 millións; nul ne peut douter
que ces prévisions ne soient dépassées de
plus de 300 millions. On voit donc quelle
distance sépare souvent un budget présenté
d'un budget réglé.

De 1852 à 1862, sans une seule exception,
le règlement des budgets a fait ressortir un
excédant de dépenses considérable sur les
prévisions. En faisant le calcul pour les dix
années, on arrive à 3 milliards; abstraction
faite des années de la guerre de Crimée et
de la guerre d'Italie, la moyenne annuelle
reste au delà de 200 millions. Le règlement
du budget de 1863 dépassera donc de beaucoup, il n'est pas permis d'en douter, les
2 milliards 91 millions demandés au corps
législatif. La suppression des crédits extraordinaires et supplémentaires et le remplacement de ces crédits par les virements ne

peuvent supprimer les causes qui forçaient de recourir à ces crédits, et, tant que ces causes subsisteront, il faut s'attendre à en avoir les résultats, sous quelque forme et sous quelque nom que ce soit. Ce sera certainement une amélioration que l'obligation de présenter des budgets rectificatifs, mais est-ce là un frein suffisant? Que pourra faire le corps législatif lorsque, l'exercice du droit de virement ayant épuisé les ressources du budget voté, on viendra lui présenter des lois spéciales pour faire face à des dépenses comme celles de la guerre du Mexique, de l'expédition de Cochinchine, ou d'autres entreprises commencées? Il ne pourra faire autrement que de voter les fonds.

Croire que l'élévation des *budgets présentés*, quelle qu'elle soit, suffira pour prévenir le recours à des lois spéciales, destinées à pourvoir à des besoins imprévus, ce serait se faire une illusion volontaire.

Lorsqu'on compare les budgets de 1847 et de 1863, les enseignements arrivent en foule. Donnons quelques exemples. Les dépenses départementales, couvertes par des contributions spéciales, par des centimes additionnels, se sont accrues de 35 millions.

BUDGET SUR RESSOURCES SPÉCIALES.	1863	1847
Dépenses des départements imputables. sur le produit des centimes additionnels et du fonds commun et sur les produits éventuels.....	fr. 36,686,250	fr. 32,643,498
Dépenses imputables sur le produit des centimes facultatifs.........	18,602,360	12,548,724
Dépenses sur le produit des centimes additionnels extraordinaires imposés en vertu des lois spéciales..	39,786,000	19,192,900
Dépenses des chemins vicinaux sur centimes spéciaux et ressources éventuelles....................	26,108,000	21,783,900
	121,182,610	86,169,022
Différence en plus........	35,013,588	

Ce sont là, en grande partie, je ne le conteste nullement, des dépenses nécessaires, sur lesquelles d'ailleurs l'État n'exerce pas un contrôle direct. Il ne résulte pas moins d'une

augmentation de ces dépenses un accroissement de charges pour les contribuables.

Qu'on pénètre dans nos provinces, qu'on
soulève le voile qui recouvre les misères trop
souvent cachées sous de brillantes apparences :
que trouvera-t-on ? un mal qui n'est pas nouveau sans doute, mais qui s'est accru ; la
propriété financière accablée par les charges
publiques, hypothéquée par la dette privée
pour plus de 12 milliards[1]; les départements,
les villes, les communes rurales même, ar-
demment poussées dans la voie des dépenses
improductives et des emprunts, et recevant,
au lieu de conseils de prudence, des facilités
plus grandes à s'endetter[2].

1. Ce chiffre est très-certainement au-dessous de la
vérité. Dans son ouvrage sur le système financier de la
France, M. le marquis d'Audiffret estime, d'après un relevé
fait en 1840, que la dette hypothécaire dépassait alors
11 milliards 500 millions, dont l'intérêt à 5 pour 100 s'élevait à 575 millions.

2. On trouve dans un ouvrage récent (*Statistique de la*

L'armée, la flotte et l'Algérie figurent, en
prévisions, au budget ordinaire et au budget
extraordinaire de 1863, pour 565 millions;
les mêmes services ont coûté 482 millions en
1847. La différence est de 83 millions ; mais,
sur les 482 millions de 1847, 43 millions ont
été consacrés à des travaux extraordinaires,
tandis que, même en supposant que les sommes portées au budget extraordinaire de 1863
aient et gardent la même destination, ces
sommes ne s'élèvent qu'à 30 millions. En résumé, les dépenses ordinaires de l'armée, de
la flotte et de l'Algérie ont été *réglées* pour
1847 à 439 millions[1], et sont *prévues* pour

France, par M. Maurice Block) des détails fort complets et
fort intéressants sur ce sujet. L'augmentation annuelle des
dépenses départementales y est estimée à 30 millions (de
l'exercice 1845 à l'exercice 1856); sur ces 30 millions,
13 millions s'appliqueraient aux dépenses extraordinaires.

Pour l'année 1859, les impositions extraordinaires attein-
draient 25 millions, c'est-à-dire le quart des recettes totales
des départements.

1. Les dépenses de solde et d'entretien des troupes, por-

1863 à 535 millions, ce qui laisse pour différence un total de 96 millions. Qui pourrait prédire, après avoir jeté un coup d'œil sur les crédits extraordinaires des dernières années, ce que deviendra en 1865 le règlement définitif de ce budget[1]?

Les travaux publics de 1847 ont employé 177 millions sur un budget de 1 milliard 629 millions, soit 10,8 pour 100; le budget extraordinaire tout entier de 1863 est de 138 millions sur 2 milliards 91 millions, soit 6 pour 100. Enfin, en 1847, 34 millions ont été consacrés par l'amortissement au rachat direct de rentes, 79 millions ont été conso-

---

tées au budget primitif de 1847 pour 302 millions, se sont réglées à 325 millions, et cette augmentation a eu pour cause à peu près unique la cherté exceptionnelle des vivres.

1. Bien entendu sans les suppléments de crédits déjà votés pour l'expédition du Mexique, sans ceux qu'il faudra voter encore et auxquels il serait aujourd'hui impossible d'assigner une limite.

lidés; en 1863, les 150 millions de l'amortissement sont portés en recette.

Ces comparaisons seront utilement complétées par un aperçu des résultats généraux des budgets de 1830 à 1848, rapprochés de ceux de 1852 à 1861. On y verra d'un seul coup d'œil quelle a été, dans chaque période, la différence entre les prévisions et les dépenses effectuées, ou, ce qui revient au même, quelle a été la somme totale des crédits extra-budgétaires :

	Dépenses prévues et votées.	Dépenses définitives.	Excédant des dépenses sur les prévisions.
Période de **1831** *à* **1848**.	fr.	fr.	fr.
Total des dix-sept années.	20,596,000,000	21,884,000,000	1,288,000,000
Moyenne annuelle......	1,212,000,000	1,287,000,000	75,000,000
Période de **1852** *à* **1861**.			
Total des neuf années...	14,828,000,000	17,767,000,000	2,939,000,000
Moyenne annuelle..... .	1,647,000,000	1,974,000,000	327,000,000

Après s'être élevées de 1 milliard 219 millions (en 1831) à 1 milliard 629 (en 1847) dans l'espace de dix-sept ans, les dépenses ont monté, dans les neuf dernières années, de 1 milliard 513 millions (en 1852) à 2 milliards 91 millions (en 1863). La différence entre la première et la dernière année de la première période est de 410 millions ; elle est de 578 millions entre la première et la dernière année de la seconde période. Il est naturel que les dépenses d'un grand pays s'accroissent en même temps que ses ressources se développent¹. Tout homme de bonne foi reconnaîtra l'existence de cette loi générale, se bornant à trouver que la marche ascendante a été trop rapide. D'ailleurs deux

1. La France s'est annexé la Savoie, dont les produits comme les charges entrent dans les derniers budgets. Cette annexion coûtera d'abord peut-être plus qu'elle ne rapportera. Je ne pense pas cependant qu'il faille chercher là une cause d'augmentation bien sensible dans les dépenses ; celles du gouvernement central ne peuvent en être affectées : tout se réduit à l'administration locale et aux services militaires. Le grand objet d'une réunion que nous avons payée si cher a été de nous donner les Alpes pour frontière ; malheureusement le but n'a été que très-incomplétement atteint et les fâcheuses concessions faites au gouvernement piémontais, lorsque fut arrêtée la ligne de démarcation, ont singulièrement affaibli la valeur de notre acquisition.

conditions manquent absolument pour que cette loi de progression normale puisse être invoquée comme justification suffisante. Ce n'est pas au moyen des ressources ordinaires du pays qu'il a été pourvu aux excédants de dépenses des dix dernières années; c'est au moyen des emprunts, c'est au moyen des 3 milliards ajoutés à la dette publique. En outre, l'amortissement a cessé de fonctionner, et les impôts ont été augmentés, non pas seulement dans le produit, ce qui pourrait n'être qu'un signe d'accroissement de la richesse publique, mais dans la quotité et dans l'assiette. Sous ce rapport, nous ne sommes pas au bout, et s'il n'avait pas été fait de si fréquents et si énormes appels au crédit, le recours à l'impôt aurait dû, depuis longtemps déjà, être plus considérable qu'il ne l'a été. On a cherché à reculer cette nécessité, et, afin de rendre le présent moins lourd, on a rejeté sur l'avenir la presque totalité des charges dont il n'est

pas certain que l'avenir recueille, pour la
grandeur et la prospérité de la France, tous
les avantages qu'on s'en promet. Quoi qu'il en
soit, la dette publique a pris des proportions
si élevées que le gouvernement, reculant avec
raison devant de nouveaux emprunts, se
trouve placé entre l'économie et les impôts,
et, jusqu'ici, c'est pour les impôts seuls qu'il
se prononce. Les erreurs et les illusions dans
la présentation des budgets se traduisent par
des excédants de dépenses et se résument en
allocations supplémentaires et extraordinaires,
soit que le gouvernement obtienne ces allocations par des décrets tardivement soumis à
la sanction du corps législatif, soit qu'il les
demande à des lois spéciales, ainsi que le
prescrit le sénatus-consulte du 31 décembre
1861. On comprend donc aisément que la
charge pèse lourdement même sur des années
dont les budgets sont considérés comme s'é-
tant soldés en excédant, c'est-à-dire sur des

années où les recettes opérées, à quelque titre que ce soit, ont fini, malgré l'imprévu, malgré les mécomptes éprouvés dans les prévisions, par faire plus que balancer les dépenses. Ce résultat final prouve simplement que des ressources imprévues ou créées extraordinairement, après avoir comblé le déficit, ont laissé un certain boni définitif. Quand les excédants sont la conséquence d'augmentations du revenu public, par la plus-value du produit des impôts existants, le mal n'est pas grand ; mais quand des excédants sont dus à des reliquats d'emprunts ou à d'autres ressources extraordinaires, loin d'être rassurants, ils sont un vrai péril, car ils disposent à dépenser au delà du revenu normal. Il ne faut donc pas trouver dans l'équilibre seul des budgets la preuve d'une bonne administration financière. L'équilibre peut s'acheter par des impôts ou par des emprunts ; il n'a de signification réelle que

quand il est obtenu par l'économie et par le
discret emploi des ressources normales. C'est
pour ce motif que les chiffres représentant
l'excédant des dépenses sur les prévisions portent avec eux le plus utile enseignement et
ont un caractère de certitude absolue, tandis
qu'on peut discuter sans fin sur des excédants
de recettes ou sur des déficit. Ces chiffres montrent que si d'une part, dans les dix-sept dernières années du régime parlementaire, aujourd'hui tant décrié, le résultat financier d'une
administration contrôlée et d'une politique
contenue par les chambres a été de faire
dépenser à la France 1 milliard 288 millions
(en moyenne annuelle 75 millions) de plus que
les prévisions des budgets, d'autre part, dans
les neuf premières années du régime nouveau,
les sommes dont le corps législatif n'a eu qu'à
homologuer l'emploi, au lieu de le prévoir et de
le régler, se sont élevées à 2 milliards 939 millions (en moyenne annuelle 327 millions).

On a déjà répondu : « Ces neuf années ont vu la guerre de Crimée et la guerre d'Italie. » Cela est vrai; mais M. le ministre des finances, dans l'exposé des motifs du budget extraordinaire de 1863, constate que ces deux guerres n'ont absorbé que 1 milliard 800 millions sur les 2 milliards 500 millions empruntés. En déduisant des 2 milliards 939 millions de dépenses supplémentaires et extraordinaires ce qui s'applique aux trois années de guerre, il resterait encore plus de 1 milliard pour les six autres années, et en moyenne plus de 160 millions par an. Si, par une opération du même genre, on fait, pour la période comprise entre 1830 et 1848, abstraction des armements extraordinaires qui pesèrent sur les années 1840 et 1841, on abaisse la moyenne annuelle de cette période à 55 millions.

D'ailleurs est-il vrai qu'il faille chercher dans la guerre seule la cause de l'augmentation des budgets et de la nécessité des em-

prunts? Qu'on prenne les trois années de la·
rude et glorieuse guerre de Crimée et l'année
de la guerre d'Italie, et qu'on ouvre les
comptes de l'administration des finances, on
trouvera que les dépenses ont été définitivement réglées :

Pour 1854 à.	1,988 millions.
— 1855 à.	2,399 —
— 1856 à.	2,195 —
— 1859 à. . . . , ...	2,207 —
Total des quatre années . . .	8,789 millions.
Moyenne annuelle.	2,197 —

Les comptes définitifs du budget de 1862 ne
sont pas arrêtés, et il est impossible de prévoir
ce que deviendra le budget de 1863 ; cependant on peut être assuré de rester au-dessous
de la vérité en évaluant le règlement final de
ces deux années à 2 milliards 200 millions
pour chacune. Le tableau des quatre dernières années peut donc être présenté comme
suit :

	Dépenses totales :
1860.	2,084 millions.
1861.	2,335 —
1862.	2,200 —
1863.	2,200 —
Total des quatre années . . .	8,719 millions.
Moyenne annuelle..	2,179 —

De sorte que chacune de ces quatre années de paix où nous avons eu à supporter, non pas des GUERRES, mais des entreprises auxquelles on a grand soin de n'appliquer que le nom d'EXPÉDITIONS, aura coûté aussi cher au pays que les années qui ont inscrit dans nos annales militaires l'Alma, Sébastopol, Magenta et Solferino. Qui sait même si ce ne sera pas plus cher encore? Car qui oserait aujourd'hui fixer une limite aux dépenses de l'armée du Mexique? Et quelles plaintes, quelles protestations n'auraient pas accueilli celui qui, il y a quatre ans, aurait prédit que les charges dont le gouvernement cherchait l'excuse dans la gloire deviendraient les charges normales de la France?

Disons, de plus, que pour justifier l'augmentation des dépenses ce n'est pas assez que d'invoquer notre gloire militaire. Oui, la France, outre les guerres de Crimée et d'Italie, a fait celles de Chine et de Cochinchine, elle est allée en Syrie, elle occupe Rome, elle poursuit en ce moment au Mexique une expédition nouvelle ; l'Algérie est pacifiée, et une brillante campagne nous a soumis la Kabylie. Personne n'a perdu ces souvenirs, personne n'y est indifférent, même parmi ceux qui réservent leur jugement sur 'à-propos et l'utilité de certaines entreprises ; mais notre mémoire peut sans efforts remonter plus loin. La France de l'empire n'a pas seule payé sa dette à nos annales. Si on invoque des excuses en faveur des dépenses extraordinaires de l'époque actuelle, l'oubli du passé ne doit pas aller jusqu'à effacer de notre histoire les pages glorieuses de la monarchie. La France, pour délivrer la Grèce,

a fait la campagne de Morée et gagné, avec
ses alliés, la bataille de Navarin; la France,
après avoir sauvé la Belgique de l'invasion
hollandaise, lui a rendu Anvers; elle a fait
l'expédition d'Ancône, forcé l'entrée du Tage,
planté son pavillon sur les murs de Saint-
Jean-d'Ulloa et de Mogador, fondé nos établissements de l'Océanie. Enfin, au prix de
longs efforts, d'un sang précieux, de sommes
immenses, la monarchie de 1830 a noblement
acquitté, en achevant la conquête de l'Algérie,
le legs de la Restauration. Notre marine s'é-
tait transformée dans les dernières années de
la monarchie, et, malgré les révolutions, l'opinion s'est montrée juste pour la jeune et gé-
néreuse initiative qui avait donné à la France
la flotte la plus puissante qu'elle eût possédée
jusque-là.

Depuis l'avénement de l'empire, les travaux
publics n'ont été dotés en moyenne annuelle
que de 70 millions; les neuf dernières an-

nées du régime précédent offrent une moyenne
de 120 millions.

TABLEAU DES TRAVAUX EXTRAORDINAIRES POUR LES NEUF ANNÉES
ÉCOULÉES DE 1852 A 1861, ET POUR LES NEUF ANNÉES COM-
PRISES ENTRE 1839 ET 1847.

(Sommes exprimées en millions.)

1852........	58.8	1839.......	55.2
1853........	88.6	1840.......	65.2
1854........	122.2	1841.......	62.3
1855........	86.1	1842.......	118.8
1856........	57.3	1843.......	137.0
1857........	67.1	1844.......	130.0
1858........	29.9	1845.......	163.5
1859........	42.2	1846.......	169.1
1860........	62.3	1847.......	177.4
Total...	612.5	Total...	1.078.5
Moyenne annuelle.	68.0		119.8

Excédant annuel d'une moyenne sur l'autre. 51.8

Enfin (ce qu'il est indispensable de ne jamais perdre de vue, lorsqu'on compare les
anciens budgets aux budgets actuels), de 1816
à 1848, l'amortissement n'a pas cessé un seul

jour de fonctionner. La loi du 10 juin 1833
ayant statué que les rachats ne s'opéreraient
que sur les fonds au-dessous du pair, des lois
spéciales ont réglé l'affectation des sommes
restées sans emploi, et voici ce qui en est
résulté de 1833 à 1848 :

	fr.
1° Il a été affecté aux dépenses générales des budgets..................	286,086,409
2° Il a été employé à des travaux extraordinaires, en exécution de la loi du 17 mai 1827......................	182,429,501
3° Il a été appliqué à l'extinction des découverts......................	442,247,114
	910,763,024

Depuis 1848 une marche bien différente a
été suivie. Les rachats ont été complétement
suspendus, sauf en 1859 et dans les six premiers mois de 1860, quoique ce ne fût certes
pas le cours trop élevé des rentes qui s'op-
posât à ces rachats. Toutes les.ressources de
l'amortissement, rentes et dotations, ont été

portées en recette aux budgets et affectées aux dépenses : 1 milliard 273 millions ont été ainsi absorbés de 1848 à 1861. Chacun des budgets de l'époque où l'amortissement fonctionnait se trouve donc fictivement grevé, comme dépense, de la totalité des sommes qui ont été consacrées à la diminution de la dette publique. Lorsque, portant ses regards en arrière, on voit ce qu'a produit dans le passé l'énorme puissance de l'amortissement, on ne peut se défendre de tristes réflexions et du profond regret que les charges du présent privent l'avenir d'un si grand bienfait.

L'amortissement jusqu'au jour où l'on crut devoir le suspendre a diminué nos charges annuelles de 140 millions de rentes à servir[1]. Les emprunts contractés depuis cette suspen-

1. Il est juste de faire observer que dans ces 140 millions de rentes amorties figurent, pour environ 2 millions 1/2, les rachats opérés en 1859 et en 1860.

sion y ont ajouté davantage (environ 150 millions) [1].

Jusqu'ici je n'ai cherché de leçons que dans notre propre histoire. Pour ne rien négliger du conseil si sagement donné par M. Magne au corps législatif, demandons maintenant des enseignements à l'histoire de l'Angleterre. Ce seront en effet des enseignements plutôt que des comparaisons, car il est difficile de comparer exactement des pays, des sociétés, des gouvernements qui offrent de si profonds contrastes. On sait qu'il y a en Angleterre un certain nombre de taxes locales qui ne sont pas comprises dans les budgets et dont le chiffre réuni monte assez haut. Il y aurait lieu de tenir compte de ces taxes, s'il s'agissait de comparer les charges supportées par les con-

---

1. Total des rentes actives au 1er janvier
1863 . . . . 327 millions.
Total des rentes actives au 1er mars 1848. 176   —

Différence en plus pour 1863. 151   —

tribuables dans chacun des deux pays; mais
les rapprochements faits ici ont pour but unique de montrer quelle influence salutaire, le
contrôle efficace des représentants du pays
exerce sur la progression des dépenses publiques[1].

1. La comparaison des charges de toutes natures, supportées par les deux pays, formerait l'objet d'une étude des plus
intéressantes. Je ne crois pas me tromper en disant que
cette étude n'a jamais été faite d'une manière complète. Il
faudrait, pour la France, déduire des dépenses celles qui ne
figurent que pour ordre ou fictivement, comme l'amortissement, les draubacks à l'exportation des marchandises ayant
acquitté les droits d'entrée, etc. Il faudrait ajouter les droits
d'octroi des villes.

Pour l'Angleterre, le budget de l'État devrait être augmenté des taxes locales, de la taxe des pauvres, etc.

La répartition des charges entre les diverses classes de la
société, difficile sans doute à déterminer exactement, serait,
comme égalité proportionnelle, à l'avantage de la France,
car en Angleterre les taxes directes, même avec l'impôt sur
le revenu, sont loin d'être l'équivalent des nôtres; les contributions indirectes et les douanes (*excise et customs*), qui
pèsent sur la consommation générale, prennent dans les
recettes une part beaucoup plus grande.

Sur un budget des recettes d'environ 1 milliard 800 mil-

Voici quelle a été la moyenne des budgets en France et en Angleterre :

DÉSIGNATION.	En France.	En Angleterre.
	fr.	fr.
Moyenne annuelle de 1830 à 1848...	1,287,000,000	1,200,000,000
Moyenne annuelle de 1852 à 1862...	1,990,000,000	1,640,000,000
Différence en plus de la moyenne dans la deuxième période........	703,000,000	440,000,000
D'où résulte, dans les dix années de la deuxième période, un surcroît de dépenses de...............	7,030,000,000	4,400,000,000

lions, plus de 1 milliard 100 millions sont, en Angleterre, le produit des douanes et de l'accise. Le timbre, les postes, etc., portent le total des taxes indirectes à plus de 1 milliard 400 millions, comme le montre le tableau suivant :

Douanes..............	600,000,000 fr.
Accise..............	500,000,000
Timbre..............	200,000,000
Postes..............	90,000,000
Impôt direct (*land and asessed taxes*)..............	80,000,000
Impôt sur le revenu et la propriété.	280,000,000
Recettes diverses	40,000,000
Total........	1,790,000,000

Si l'on compare ce budget avec le budget français, on

La progression des dépenses a donc été bien plus forte chez nous que chez nos voisins. Dans la première période, de 1830 à 1848, nos budgets ne dépassaient les leurs que de 87 millions ; dans la seconde, de 1852 à 1862, la différence moyenne est de 350 millions ; dans les dix dernières années nous avons dépensé 2 milliards 600 millions de plus que si la même distance avait été conservée entre les budgets des deux pays.

voit que ceux de nos impôts indirects qui correspondent aux douanes et à l'accise de l'Angleterre, c'est-à-dire qui portent principalement sur les objets de consommation, s'élèvent environ à 700 millions, au lieu de 1 milliard 100 millions, et cela sur un total général de deux à trois cents millions plus élevé :

Douanes................	160 millions.
Sels..................	35 —
Boissons..............	200 —
Sucre indigène..........	55 —
Tabacs...............	220 —
Produits divers..........	50 —
Total...........	720 millions.

La plupart de nos autres taxes indirectes n'ont aucun

12

Mais ces chiffres deviendront bien plus éloquents si on réfléchit que, chez nous, pendant la première période, la dette publique ne s'est augmentée que de 12 millions de rentes, et que l'amortissement n'a pas cessé de fonctionner sur tous les fonds dont le cours permettait les rachats de rentes ; que pendant la seconde période l'amortissement a été suspendu, sauf une reprise partielle en 1859 et 1860, que la dette fondée s'est accrue de près de 100 millions de rentes, la dette via-

rapport avec les taxes indirectes anglaises ; car le plus lourd fardeau des 400 millions de l'enregistrement et du timbre porte, chez nous, sur la propriété foncière.

Le budget présenté par M. Gladstone au parlement anglais, pour 1864, me permet d'ajouter à cette note les renseignements qu'il nous fournit. M. Gladstone réussit à opérer des dégrèvements de taxes s'élevant ensemble à près de 100 millions de francs, et dont les principaux sont une réduction de 32 millions sur le thé, et une autre de 67 millions sur l'impôt du revenu. Le budget total des recettes reste fixé, après ces réductions, à environ 1,700 millions de francs, et celui des dépenses à 1,690 millions.

En se félicitant de ce résultat dans des termes simples et

gère de près de 20 millions, et que la dette flottante, maintenue jusqu'en 1852 au-dessous d'un capital de 700 millions, dépasse en ce moment 1 milliard.

De 1852 à 1862, l'Angleterre, qui a fait l'expédition de Crimée, deux campagnes en Chine et la guerre de l'Inde, n'a emprunté sous diverses formes qu'un peu plus de 1 milliard, et a opéré des réductions successives de sa dette pour plus de 400 millions.

Dix-sept des trente et une années sur lesquelles porte cet examen des budgets anglais

dignes, M. Gladstone a rappelé que M. Fould, lors de son dernier discours au sénat, parlait avec regret « de l'émulation de dépenses qui a entraîné l'Europe dans des rivalités ruineuses, » et le chancelier de l'Échiquier a ajouté : « La satisfaction que nous devons éprouver, en Angleterre, de voir nos charges diminuées, s'augmentera encore si cette réduction est acceptée au dehors comme une amicale réponse à un amical cartel. »

M. Fould, il faut l'espérer, a exprimé au sénat les intentions sincères du gouvernement français, et le gouvernement anglais, par son exemple, aura rendu plus facile de mettre, chez nous, les actes d'accord avec le langage.

ont présenté des excédants, quatorze des déficit. Les déficit s'élèvent à 1 milliard 200 millions environ, les excédants à 1 milliard; mais
les trois années de la guerre de Crimée prennent part aux déficit pour 800 millions, et, si
l'on retranche ces trois années, les vingt-huit
autres, dans l'ensemble, laissent des excédants
pour 600 millions environ. Ces chiffres, qu'on
ne contestera pas, qu'on ne peut contester,
sont plus éloquents que tous les commentaires. Je n'y saurais rien ajouter qui n'affai-
blît cet éclatant témoignage en faveur de
l'administration financière des gouvernements
libres.

CHAPITRE IV

L'ADMINISTRATION FINANCIÈRE DEPUIS 1852

LA DETTE FLOTTANTE. — LA CONVERSION

CHAPITRE IV.

Les budgets ne peuvent pas rester station-
naires, ils progressent avec toutes choses.
La richesse publique s'accroît, le produit des
taxes indirectes et surtout celui des impôts
de consommation augmentent, les besoins
naissent, les obligations deviennent plus lour-

des, et, dans les comparaisons avec le passé,
il ne faut pas perdre de vue les causes qui
exercent leur influence sur la fortune de
l'État comme sur les fortunes privées. A quelque cause qu'on attribue le changement dans
le prix des choses on ne saurait nier que ce
prix ne se modifie et ne se modifie dans des
proportions irrégulières dont la loi ne peut
être aisément constatée. La création de la
richesse a développé les besoins, l'aisance en
se répandant a changé les habitudes ; d'un
autre côté, les perfectionnements de l'agriculture, les progrès de l'industrie, ceux du
commerce international, la facilité et la ra-
pidité des transports ont exercé une grande
influence sur la production et sur la circulation
de toutes les denrées. Beaucoup de produits
fabriqués ont diminué de valeur, tandis que
beaucoup de produits naturels ont marché en
sens inverse. C'est à l'économiste de rechercher
ce qu'il y a de réel et de durable ou de factice

et de précaire dans le mouvement où notre
époque est engagée. Le moraliste aura de son
côté à se préoccuper de ce qu'il y a de fiévreux
dans l'accroissement des besoins, dans les aspirations générales vers un luxe qu'il ne faut pas
confondre avec le bien-être et qui tend trop
souvent à le compromettre et à le détruire.
Mais, quelque opinion qu'on se forme à cet
égard, il est incontestable que la prospérité du
pays, un moment arrêtée par la révolution de
1848, avait repris, après 1852, un prodigieux
essor; rarement on a vu des progrès si rapides. Cet essor a été secondé par l'initiative har-
die d'un pouvoir nouveau, presque sans limites,
dont l'acquiescement des uns (et c'était le grand
nombre), le découragement, la lassitude, les
divisions des autres faisaient l'arbitre suprême
des destinées du pays. Cette époque fut marquée par des actes profondément regrettables, — les mesures arbitraires contre les
personnes, les lois d'exception, les décrets de

confiscation; — mais, par une habile diver-
sion, les sentiments furent détournés vers la
gloire, les intérêts vers les profits rapides et
faciles. Les gouvernements précédents, mo-
dérés et sages, désireux de conserver à la
France les bienfaits de la paix, avaient cru
n'avoir pas à compter avec les penchants bel-
liqueux d'une nation fière, mobile, aventu-
reuse à ses heures; forts de la dignité et de la
fermeté de leurs relations avec les puissances
étrangères, ces gouvernements s'étaient trop
fiés peut-être à la justice et à la raison publiques. A l'intérieur, satisfaits des développements rapides mais réguliers de la richesse
nationale, ils s'étaient contentés de donner une
vive impulsion aux travaux publics tout en cherchant à réduire les charges supportées par les
populations et en contenant la dette publique,
mais ils s'étaient abstenus de surexciter l'esprit d'entreprise par l'appât des gains aléa-
toires. Après le coup d'État de 1852, le pou-

voir nouveau adopta d'autres règles et suivit une autre conduite. Il profita d'occasions imprudemment offertes ou qu'il sut habilement faire naître pour ajouter de glorieuses pages à nos annales militaires; il ne ménagea pas les emprunts, mais la forme qui leur fut donnée les rendit populaires, et les classes peu éclairées, ne comprenant pas que les emprunts conduisent infailliblement aux impôts, les acceptèrent sans murmurer.

Les ressources du Trésor étaient trop engagées pour que l'État consacrât de grosses sommes aux travaux publics. Il stimula les compagnies existantes et favorisa la création de nouvelles associations de capitaux. Le cours forcé des billets de la Banque de France, sous la république, avait eu pour effet de répandre dans le pays l'usage du papier; les bénéfices que réalisèrent les souscripteurs aux sociétés par actions étendirent les placements en valeurs mobilières et firent pénétrer partout des

titres qui naguère ne sortaient pas de Paris
et des grandes villes. Tout cela imprima un
mouvement extraordinaire aux affaires dont
le rétablissement de l'ordre matériel favorisait
l'extension.

Aujourd'hui le revers de la médaille commence à se montrer. On s'aperçoit que les
grandes guerres et les expéditions lointaines
n'ont pu coûter trois milliards et ajouter près
de cent millions de rentes à la dette publique
sans faire peser de lourdes charges sur le
présent et sur l'avenir. Les fonds publics
comprimés par l'émission de nombreuses valeurs françaises et étrangères sont retombés et
restent rivés à un taux qui rendra onéreux
les appels prochains et inévitables qu'il faudra
faire au crédit.

La science économique ne conseille pas de
développer outre mesure le principe salutaire
de l'association des capitaux. Rien de mieux
que de voir l'association libre se former au

profit des entreprises qui dépassent la mesure des forces de l'initiative individuelle ; mais il n'est pas bon que des faveurs et des privi-léges accordés à de puissantes sociétés, décou-ragent les efforts privés et leur rendent la lutte impossible.

Beaucoup d'entreprises n'ont pas répondu aux espérances qui avaient porté trop haut le cours de certaines actions. Il y a eu des pertes sensibles surtout pour les petites bourses qui savent moins se défendre que les grosses. On est en droit de douter que tous les établisse-ments de crédit, même ceux dont la situation paraît le plus prospère, aient toujours observé les lois de la prudence et soient restés fidèles à la pensée première qui les fit instituer. Les fluctuations étranges des actions de quelques-uns de ces établissements ont plus d'une fois excité des alarmes et donné aux esprits pré-voyants la mesure des catastrophes qui pour-raient résulter de complications graves dans

les affaires ou dans la politique. Parmi ces
établissements, les uns n'ont pour gage que
la solvabilité de leurs débiteurs et la prospérité des entreprises auxquelles ils ont lié leurs
destinées; les autres se sont trouvés insensi-
blement conduits à changer l'assiette de leurs
hypothèques en même temps que la nature
des services qu'on attendait d'eux. Le Crédit
foncier, par exemple (et je choisis à dessein
la société le plus digne d'intérêt, et celle dont
les bases doivent paraître le plus solides), s'est
engagé dans une voie fort différente de celle
qui lui fut d'abord tracée. Il s'en faut de
beaucoup que la totalité des prêts repose sur
la propriété rurale; une forte part s'applique
à des propriétés bâties ou à des terrains propres à bâtir dans la ville de Paris et dans la
banlieue. Depuis quelques années les prêts
aux départements et aux communes ont été
autorisés. Je ne blâme rien d'une manière
absolue, mais il y a là incontestablement une

mesure à observer. Ce serait tout autre chose
en effet, dans des temps difficiles, que de recevoir l'intérêt de prêts faits à l'agriculture,
dont les revenus varient peu, ou d'avoir à
exercer un recours sur des terrains, devenus
momentanément sans valeur, ou sur des
maisons sans locataires, et partant sans produit. Les facilités de crédit mises à la portée
de tous ont de grands avantages dans les
temps prospères ; elles peuvent créer de grands
périls dans les jours de crise. Il y a donc,
dans l'avenir, pour toutes ces sociétés de
crédit, des questions inconnues qui n'ont pas
encore été éclairées par l'expérience. La sagesse exige que cet avenir ne soit pas com-
promis par une confiance trop aveugle.

L'État a de lourds engagements. Les garanties accordées aux compagnies de chemins
de fer ne pèsent pas encore sur le présent ;
qui oserait répondre que ces garanties ne
pèseront pas sur l'avenir, si on ne montre pas

une extrême prudence dans le choix des lignes à ouvrir ?

Le régime de nos chemins de fer n'est pas celui de la libre concurrence, et là où il y a monopole, privilége ou assistance de l'État, les pouvoirs publics contractent l'obligation de régler les conditions de la concurrence qu'ils autorisent. C'est souvent une tâche ardue; car des concessions nouvelles, imprudemment accordées, peuvent violer des droits acquis, porter atteinte à la richesse créée et compromettre les capitaux engagés sur la foi des traités, tout en rendant fort onéreuses les garanties promises.

L'exécution, même restreinte et lente, du vaste programme contenu dans le manifeste impérial de 1860, impose à l'État de grandes charges : « Construire des canaux, des routes et des chemins de fer, affranchir les uns de tous droits, diminuer les tarifs des autres; relever les cathédrales et les églises; encourager les sciences, les lettres et les arts ; défricher les bois dans les plaines, reboiser les montagnes.... » Voilà beaucoup de belles et grandes choses, et il est fâcheux que l'état des finances oblige à marcher si lentement dans une voie si pompeusement ouverte. Mais, sans trop insister sur la partie du programme que l'exagération des dépenses improductives peut forcer d'ajourner indéfiniment, pourquoi retarder celle qui promettait « de faire disparaître une foule de règlements restrictifs qui gênent nos grandes exploitations, et d'affranchir l'industrie de toutes les entraves qui la placent dans des conditions d'infériorité? » Cependant c'est là une obligation devant laquelle la réforme économique, commencée par l'abaissement des tarifs, ne permet pas de reculer. Puisqu'on reconnaît l'infériorité de nos industries, il y a plus qu'une contradiction et une inconséquence, il y a un grand péril, et il peut y avoir, dans un avenir prochain, de tristes

mécomptes à inaugurer la liberté dans les relations internationales sans l'établir à l'intérieur, à appeler la concurrence étrangère sans
donner à nos industries, non pas toutes les
conditions d'égalité dans la lutte qu'il ne dépend de personne de leur assurer, mais, du
moins, celles qui résulteraient de la révision d'une foule de règlements surannés et
de l'abandon d'une foule de pratiques administratives, restrictives de la liberté, gênantes
et vexatoires.

L'énormité des emprunts contractés en cinq
ans[1], qui rejettent sur l'avenir une forte par-

---

1. Loi du 11 mars 1854............... 250 millions.
Loi du 31 décembre 1854............ 500 —
Loi du 11 juillet 1855.............. 750 —
Loi du 2 mai 1859................. 500 —

A ces emprunts il faut ajouter 100 millions versés par la
Banque, en exécution de l'article 5 de la loi du 9 juin 1857;
le capital de 8 millions de rentes créés pour la consolidation des fonds de la dotation de l'armée, en exécution de
la loi du 19 juin 1857; les 300 millions des obligations

tie des charges du présent sans permettre de
tenir tant d'utiles engagements, n'a pas suffi
pour dispenser du recours aux augmentations
d'impôts existants et à l'établissement de nouveaux impôts. Rien n'est plus nécessaire au
bon gouvernement des finances que de savoir
se servir des impôts, les ménager, les rendre
aussi équitables, aussi proportionnels que possible par l'assiette, dégager la perception de
complications onéreuses et de gênes inutiles
pour les contribuables, tout en obtenant ce que
réclament les besoins de l'État. C'est, comme
le dit avec raison, dans un ouvrage récent,
un publiciste éminent, c'est « *la partie tout
à la fois la plus importante, la plus politique
et en même temps la plus imparfaite de la
science financière*[1]. »

Il est, en matière d'impôts, un dangereux

trentenaires; 158 millions provenant de la conversion du
4 1/2 pour 100.

1. *Traité des impôts*, par M. Esquirou de Parieu.

écueil. Cet écueil, c'est l'amour du changement et l'ardeur des innovations; c'est surtout
la recherche de la popularité. De telles dispositions, toujours périlleuses dans un gouvernement, ne le sont jamais plus que lorsqu'elles
s'attaquent à la fortune publique. Toute atteinte grave portée aux sources du revenu est
infiniment plus funeste pour les finances d'un
pays que l'exagération de la dépense. A ce
dernier mal on peut toujours remédier par
l'économie; le premier laisse des traces durables et parfois ineffaçables.

La perfection n'existe nulle part. Cela est
vrai surtout pour les impôts; il n'en est guère
contre lesquels on ne puisse élever des objections. Plusieurs, en France, ne sont certainement pas à l'abri de la critique. L'impôt foncier, entre autres, fort élevé partout, est,
dans certaines régions, véritablement excessif.
Cependant nos impôts, tels qu'ils sont, ont
toujours fait l'admiration et l'envie de l'Eu-

rope par l'égalité relative de la répartition et par la merveilleuse facilité de la perception. D'où vient qu'une sorte d'agitation inquiète les met tous périodiquement en question? Il y a là un vrai péril.

Des novateurs aventureux ont été jusqu'à réveiller le souvenir de nos plus mauvais jours. Plus ou moins dissimulés ou atténués, l'impôt progressif et l'impôt sur le revenu, ces rêveries socialistes, anéanties par la libre discussion dans l'assemblée constituante, retrouvent parfois des prôneurs; l'impôt progressif, audacieuse négation d'un des plus salutaires principes de 1789, le principe de l'égalité des charges par la proportionnalité; l'impôt sur le revenu, impôt arbitraire, inquisitorial, insupportable. Ceux qui, pour défendre ce dernier impôt, s'appuient sur l'exemple de l'Angleterre, oublient à quel point l'INCOME-TAX y est détesté et ignorent quelles profondes différences entre les deux pays ren-

draient, chez nous, l'imitation impossible. Sur
quoi voudrait-on asseoir, en France, un pareil impôt? Ce n'est probablement pas sur
la propriété immobilière, déjà écrasée par
le poids qui l'accable[1]. La première condition de l'établissement de l'impôt sur le revenu serait l'abolition immédiate de la plupart
des contributions directes. En Angleterre le
sol est peu divisé et l'impôt foncier est à
peu près nul; l'impôt sur le revenu, à 10 pence
par livre sterling, représente un peu plus de
4 pour 100 : or c'est estimer bien bas l'ensemble des charges qui, en France, pèsent sur
la propriété foncière que de les porter à 10
ou 12 pour 100 du revenu en moyenne. Il

---

1. L'extrême division du sol serait également un obstacle
insurmontable. Sur 11 millions de cotes, on n'en compte
que 16,000 au-dessus de 1,000 fr., 36,000 de 500 à 1,000 fr.,
64,000 de 500 à 300 fr., etc.; 5,400,000 cotes sont au-dessous de 5 fr., 3,000,000 sont de 5 à 20 fr. Il faudrait donc
que l'impôt, pour être productif, frappât sur les plus mo-
diques revenus.

est des départements où ces charges montent
beaucoup plus haut, et je ne parle que des
taxes directes, en principal et en centimes
additionnels. En tenant compte des charges
indirectes telles que les droits de mutation et
de succession, les droits d'enregistrement, de
timbre, etc., on est effrayé de la réduction
que subit un revenu qui n'est pas, en moyenne,
de 3 pour 100 du capital engagé. C'est donc
uniquement sur la fortune mobilière qu'il
faudrait faire porter le nouvel impôt. Ici
commence l'inquisition la plus antipathique
à nos mœurs. Et puis quelles valeurs préten-
drait-on frapper? Les valeurs industrielles?
Mais les unes, sous la forme d'actions, sont
déjà soumises à une taxe, d'autres supportent
des taxes directes; toutes prennent une large
part aux impôts indirects dans la personne
de ceux qu'emploie l'industrie ; les mines
acquittent la redevance proportionnelle de
5 pour 100 sur le produit net. Il reste donc

à imposer la rente, c'est-à-dire le crédit de
l'État, et le fruit du travail professionnel, le
gain de l'avocat, du médecin, du littérateur,
de l'artiste, du négociant....

Enfin l'audace de certains esprits n'a pas
reculé devant la spoliation la moins dissimulée, en imaginant soit de faire cesser l'habilité
à succéder au sixième degré (c'est-à-dire aux
enfants des enfants du frère ou de la sœur),
soit de frapper les successions collatérales de
droits exorbitants. Cela participe du saint-
simonisme, du communisme et du fouriérisme;
c'est la confiscation érigée en principe et la
destruction de la famille. Je m'arrête, car
c'est avec tristesse que j'ai senti le besoin de
ne pas me taire absolument sur ces aberra-
tions funestes. Espérons que nous n'aurons
pas de nouveau à les combattre, ou, pour
mieux dire, espérons que, si un Gouvernement quelconque s'y laissait jamais entraîner,
il nous serait, comme par le passé, permis de

les discuter, et les discuter c'est les anéantir. Il est juste de reconnaître que ces projets chimériques ou coupables ne reviennent guère sur l'eau que lorsque l'on voit les finances confiées à des hommes sans expérience, et c'est avec satisfaction qu'on les a entendu plus d'une fois sévèrement condamner dans des documents officiels.

Assez de fautes ont été commises, en matière d'impôts, par les divers Gouvernements qui se sont succédé en France. Ces fautes ont presque toutes eu pour mobile un désir de popularité; et, presque toujours, l'événement a trompé l'attente de ceux qui ont cédé à ce désir. Les populations savent, d'ordinaire, peu de gré à leur Gouvernement des taxes qu'il abolit et murmurent contre les taxes nouvelles qu'il impose. Cela est vrai surtout pour les taxes de consommation dont la perception se fait peu sentir, divisée comme elle l'est à l'infini et confondue avec le prix de la denrée.

C'est un vieil adage qu'un impôt est bon par cela seul qu'il existe et qu'un impôt, contestable mais établi, est souvent préférable à un impôt meilleur à établir. Sans adopter complétement cette maxime comme règle absolue, il faut reconnaître qu'elle a un caractère certain de vérité pratique. Combien n'avons-nous pas vu, depuis trente ans, d'impôts utiles, acceptés, aisément perçus, disparaître, au grand détriment du Trésor? En 1830, la réduction à 10 pour 100 du droit de détail sur les boissons coûta au Trésor 40 millions, sans que les producteurs vendissent le vin un centime de plus, sans que les consommateurs le payassent un centime de moins.

La loi sur les sels diminua les recettes de 30 millions; elles tombèrent de 63 millions à 33 millions et sont, après douze ans, restées au même point (33 millions en 1849; 34 millions en 1858; 37 millions en 1861).

Y a-t-il beaucoup d'hommes d'État et de légis-
lateurs qui ne regrettent pas cet impôt? La
réduction a bien peu profité aux consommateurs; mais un impôt, une fois aboli, ne se
rétablit pas aisément.

L'exemple de la réforme postale, qu'on a
invoqué dans la discussion de la loi sur les
sucres, était bien mal choisi, et la moindre
réflexion aurait dû faire sentir que cet exemple était sans application. L'ancienne taxe des
lettres variait de 10 centimes à 1 fr. 20 c.
L'établissement d'un régime nouveau qui,
frappant les lettres pour toute l'étendue du
territoire d'une taxe uniforme de 20 centimes,
conservait cependant celle de 10 centimes
pour les lettres circulant dans la circonscription du même bureau ou dans les limites
d'une ville, constituait donc une diminution
énorme dans la moyenne du prix payé par
les particuliers pour le transport de leurs correspondances. Il était légitime de s'attendre

à une augmentation notable dans le nombre des lettres, et cependant il a fallu six années pour que la perception remontât au même taux qu'auparavant.

L'abaissement du droit sur les sucres à 30 francs a été suivi à un an de distance de l'établissement de la taxe à 42 francs. Un an avant les droits sur l'alcool, relevés de 34 à 50 fr. par hectolitre en 1855, avaient été portés à 75 francs. Cette augmentation devait procurer au Trésor 28 millions après deux ans et celle de 2 francs par kilogramme sur le prix des tabacs (en octobre 1860) environ 33 millions. Mais ce n'était pas là que devait s'arrêter l'accroissement subit des charges publiques succédant aux espérances qu'avait fait naître le programme économique de 1860. L'année 1862 a vu relever, outre les droits sur les sucres, ceux sur le timbre et sur l'enregistrement, déjà si lourds à porter et si nuisibles aux transactions, et, de plus, établir la nouvelle taxe sur les chevaux et sur les voitures.

Cette taxe, malgré le chiffre relativement élevé qu'elle atteindra dans quelques grandes villes, sera peu productive. Pour la justifier on s'est appuyé sur l'exemple de l'Angleterre où elle rapporte environ 16 millions de francs, à un taux moyen de 30 francs sur les voitures et de 18 francs sur les chevaux. Certains impôts qui, plus encore que celui-ci, ont un caractère très-tranché d'impôts somptuaires, existent depuis longtemps en Angleterre, car à la taxe des chevaux et des voitures il faut ajouter celle sur les livrées, celle sur la poudre pour les cheveux et les perruques des domestiques, celle sur les équipages de chasse, sur les armoiries, etc.; mais l'Angleterre était et est encore restée, à beaucoup d'égards, un pays de priviléges, jouissant de plus de liberté que d'égalité, tandis que la France a toujours montré plus de goût pour l'égalité

que pour la liberté. En Angleterre, quand ces
impôts ont été établis, il n'y avait guère de
taxes directes ; l'impôt foncier était, comme
aujourd'hui, peu élevé, et l'impôt sur le revenu n'existait pas. On comprend donc qu'un
pays placé dans de telles conditions ait cherché à atteindre la richesse par des impôts de
cette nature, et on ne peut oublier que ces
impôts sont aussi antipathiques à nos mœurs
que peu justifiés par notre état social.

La taxe sur les voitures et les chevaux a
été mise à l'épreuve en France depuis 1791
jusqu'en 1806. Afin d'atteindre la richesse
mobilière, après avoir imposé la propriété
foncière, on crut devoir joindre à la taxe
personnelle et à celle sur les loyers une autre
taxe du vingtième sur le revenu présumé
établi d'après le loyer, mais réduit du montant du revenu foncier, dont le contribuable
avait déjà payé l'impôt. A ces trois taxes on
en ajouta deux autres : l'une sur les chevaux,

l'autre sur les domestiques. Ces deux taxes,
la dernière surtout, parurent mal justifiées
dans un pays où l'aisance est commune mais
où la richesse est une exception, et soulevè·
rent en outre, par la difficulté et le caractère
inquisitorial de la perception, des plaintes
très-vives; aussi furent-elles successivement
réduites, pour disparaître définitivement en
1806. Aucun motif plausible ne semble donc
expliquer ce retour à d'anciens errements
condamnés par l'expérience. Si un désir de
popularité s'est attaché à l'établissement de
cette taxe, comme à la réduction (qui avait
été projetée) du nombre des cotes personnelles
et mobilières, il est possible que le progrès qui
s'est opéré dans les esprits et dans l'intelligence
des intérêts généraux produise un effet contraire.

La taxe nouvelle commence à peine à être
appliquée et il arrive (ce que ne prévoyaient
certes pas ceux qui l'ont proposée) qu'ac-

ceptée assez facilement par la classe aisée
dans les villes, elle est surtout mal vue dans
les campagnes où la difficulté de distinguer
toujours avec justice les voitures et les chevaux imposables de ceux qui ne le sont pas,
rend la perception arbitraire et peut la rendre
vexatoire.

Quoiqu'il ne faille pas confondre dans leurs
effets les taxes destinées à atteindre exception-
nellement la richesse avec les lois somptuaires,
cependant les inconvénients qu'elles présen-
tent sont trop grands pour être mis en balance avec des résultats de peu d'importance.

La simple énumération de tant de charges
nouvelles explique un accroissement considérable dans le revenu des impôts indirects,
et fait penser que les documents officiels ne
sont pas fondés à en attribuer la plus large part
au développement de la prospérité publique.

Malgré ce recours à l'impôt, malgré deux
milliards d'emprunts par souscription natio-

nale, malgré 100 millions reçus de la Banque
de France, 200 millions versés par les compagnies de chemins de fer, plus de 200 millions provenant de l'exonération militaire qui
n'est autre chose qu'un emprunt à fonction-
nement continu, 300 millions d'obligations
trentenaires, 158 millions de soultes payées
pour la conversion de 4 1/2 pour 100; malgré
d'autres recettes extraordinaires telles que
ventes de bois de l'État, indemnité chinoise,
remboursement de la créance sur l'Espagne;
malgré la suspension de l'amortissement et
l'affectation aux dépenses des budgets de toutes
les ressources qu'il possède, etc.; malgré tout
cela, tous les budgets depuis 1852, sauf ceux
de 1855 et de 1858, ont laissé des déficits
considérables, déficits que tant de ressources
extraordinaires n'ont pas réussi à combler,
puisque la dette flottante dépasse très-probablement, en ce moment, le chiffre le plus
élevé qu'elle ait jamais atteint et qu'un

nouvel emprunt semble inévitable d'ici à peu
de temps.

Pour subvenir aux besoins du Trésor on a
employé, on emploie encore, beaucoup de
moyens dont il y aurait sagesse et dignité à
s'abstenir. On a réclamé diverses assistances;
des comptes courants ont été ouverts à la
plupart des compagnies de chemins de fer
et des institutions de crédit, et on s'est servi
de l'ascendant que l'État exerce toujours sur
ces sociétés pour en obtenir le versement de
sommes importantes; les valeurs du portefeuille, traites de douane, des coupes de bois *et
cœtera* ont été portées à la banque pour y être
escomptées. Le premier de ces expédients constitue une dette exigible à court délai, plus
onéreuse que l'usage des bons du Trésor; le
second n'est qu'une avance faite au présent
par l'avenir, et c'est là une de ces ressources
auxquelles il n'est à propos de recourir que
dans des circonstances exceptionnelles.

En agissant ainsi on a cédé à des nécessités, on a voulu échapper à des embarras qu'on aurait pu éviter. Tantôt c'était l'admission, dans une imprudente proportion, des valeurs étrangères à la cote sur le marché français qui, attirant les capitaux par l'appât des gros intérêts, comprimait le cours des rentes françaises et rendait moins facile le placement des bons du Trésor; tantôt c'était la conversion qui laissait sur le marché une grande partie des rentes achetées par ceux dont le ministre des finances avait fait ses auxiliaires dans cette opération si controversée. En maintenant l'intérêt des bons du Trésor à un taux insuffisant pour que ces bons fussent recherchés, on espérait faciliter le placement des rentes flottantes et déclassées. Il y a eu des moments où le Trésor s'est trouvé si dégarni qu'afin d'augmenter le solde apparent du compte avec la Banque de France on y a fait porter, la veille du jour où s'arrêtaient les bilans, toutes les sommes des caisses de service. Le compte courant du Trésor était crédité de ces sommes qu'on retirait le lendemain. Les habiles de la bourse ne se trompaient guère à toute cette stra-tégie qu'ils devinaient ou qu'ils soupçonnaient, mais le public s'y laissait prendre aisément.

Lorsqu'aux causes si longtemps accumulées de déficits croissants vient s'ajouter un gouffre comme celui de l'expédition du Mexique, nul ne peut s'étonner que la dette flottante prenne rapidement des proportions inquiétantes et il serait injuste d'en rendre responsable le seul ministre des finances. La dette flottante est cer-tainement un des ressorts du mécanisme finan-cier les moins compris du public ; et, même parmi les hommes instruits mais qui n'ont pas fait de ces matières une étude spéciale, il s'en rencontre chez qui le nom de *dette flottante* n'éveille pas une idée nette et précise de ce qu'est la chose.

Si la dette flottante est, comme son nom l'indique, une des parties de la dette publique, elle aussi, elle est surtout un des éléments indispensables de l'administration des finances de l'État, car elle est destinée à couvrir, par des voies et des moyens de Trésorerie, l'insuffisance momentanée ou définitive des ressources des budgets. Les fluctuations de la dette flottante ainsi définie ne sont que l'indice de la situation financière, que le reflet des budgets. L'élévation anomale de cette dette prouve tout simplement qu'on a dépensé plus que n'ont produit les recettes et qu'on n'a pas assez emprunté en rentes pour parfaire la différence. Les découverts représentent, outre l'arriéré imputable au passé, la partie non consolidée des excédants de dépenses sur les recettes, dépenses faites en vertu de crédits extraordinaires accordés en dehors des budgets ou, comme on l'a vu tout dernièrement, sans autorisation d'aucune

sorte. Pour faire face à ces besoins les ressources sont de diverses natures :

1° Celles qui consistent en dépôts des communes et établissements publics, de la Caisse
des dépôts et consignations, de la Caisse d'é-
pargne, de la Caisse de dotation de l'armée,
de celle des invalides de la marine. — Ces
dépôts se renouvelant sans cesse dans des proportions. plus ou moins variables, peuvent
être considérés, quoique sujets à restitution,
comme formant un fonds permanent. A plus
forte raison en est-il ainsi des cautionnements
dont l'un remplace l'autre lors des mutations
dans le personnel;

2° Viennent ensuite les comptes courants
ouverts à divers, aux sociétés de crédit, aux
compagnies de chemins de fer;

3° Les avances des receveurs généraux et
autres comptables;

4° Enfin les valeurs de circulation, bons du

Trésor, traites du caissier central sur lui-
même et effets divers.

Tout cela, y compris la balance de divers
services spéciaux, compose le passif du Trésor.

L'actif consiste en numéraire existant dans
les diverses caisses du service central, des
payeurs et des comptables en Algérie et dans
les colonies, ou déposé à la Banque. Il faut y
ajouter les valeurs de portefeuille ou traites
souscrites soit à la douane en acquit des droits
d'entrée, soit par les acquéreurs des bois de
l'État, et, enfin, les créances actives ou avances diverses faites soit à l'intérieur soit à
l'étranger.

Lorsque les budgets laissent des déficits
ou des *découverts*, comme on les appelle volontiers par euphémisme dans la langue ad-
ministrative, c'est-à-dire lorsque les recettes
ordinaires et extraordinaires ne suffisent pas
à payer les dépenses, on y fait face au moyen

de l'émission de bons du Trésor ou de l'augmentation des comptes courants. L'un et l'autre procédé équivaut à un emprunt à courte échéance. Enfin quand les découverts deviennent assez considérables pour qu'il y ait inconvénient ou difficulté à continuer d'y pourvoir par des ressources provisoires, il faut arriver à une consolidation en rentes, c'est-à-dire à un emprunt. La dette flottante se trouve soulagée du capital des rentes qui sont inscrites au compte de la dette consolidée. Puis, on recommence à combler de nouveaux découverts, avec des moyens de trésorerie, jusqu'à ce qu'il faille encore aviser.

Ces explications doivent faire comprendre que le chiffre exact de la dette flottante et des découverts, à un moment donné, ne soit pas facile à constater lorsqu'on ne tient pas en mains les comptes à l'aide desquels peut s'arrêter la balance entre l'actif et le passif. Les éléments définitifs de ces comptes ne sont

mis sous les yeux des assemblées délibérantes
et du public que dans le rapport général sur
la loi des comptes, c'est-à-dire près de deux
ans après que les faits sont accomplis. Il est
arrivé plus d'une fois que les différences d'o-
pinion sur la manière d'établir la balance
ont amené des discussions rétrospectives fort
vives sur la part qui appartenait aux Gouvernements tombés dans les découverts.

Le compte officiel des finances pour 1847,
publié, en mai 1848, sous les yeux de l'administration républicaine, fixa dès lors le
chiffre de la dette flottante, au 1er janvier 1848,
à 630 millions. C'est le chiffre dont la vérité
fut démontrée jusqu'à la dernière évidence
dans deux écrits publiés en 1848 et en 1849
par M. Vitet et par M. Dumon [1]. Tous deux

---

1. *De l'État des Finances avant le 24 février*, par
M. Vitet, *Revue des Deux Mondes* du 15 septembre 1848.
— *De l'Équilibre des Budgets sous la monarchie de* 1830,
par M. Dumon, 15 septembre 1849.

admettaient que, du 1er janvier au 24 février
1848, les émissions de bons du Trésor et les
traites fournies par le caissier central avaient
pu élever le total de la dette flottante aux en-
virons de *sept cents millions*, y compris l'arriéré des gouvernements antérieurs. Ce chiffre s'appuyait dès lors d'une autorité qui
ne semblera pas suspecte aujourd'hui, c'est
celle d'un sénateur, du chef d'un des
principaux établissements de crédit fondés
depuis l'Empire, d'un homme dont le témoignage ne saurait être récusé en matière
de comptabilité. En 1848, M. le marquis
d'Audiffret[1] adoptait ce chiffre de *sept cents
millions;* mais voici plus encore que des
autorités personnelles, plus que des appré-
ciations faites ou que des comptes publiés
sous d'autres gouvernements. Qu'on ouvre le

---

1. Dans un écrit réimprimé avec la dernière édition de
ses œuvres.

dernier compte général de l'administration
des finances, celui de 1861, on y trouvera
(page 467) le chiffre de la dette flottante au
1er janvier 1848 fixé à 630,793,609 fr. 63 c.
Jamais, de 1831 à 1848, la dette flottante
n'était montée si haut; jamais, depuis 1852,
elle n'est descendue si bas. De 1831 à 1848
la moyenne de la dette flottante a été de 360
millions; la moyenne de 1852 à 1863 est de
850 millions. Comment donc se fait-il que l'on
trouve sans cesse répétée, dans les documents
officiels, l'assertion que la dette flottante, à la
chute de la monarchie, atteignait à peu près les
proportions actuelles? En vérité cela ne peut
s'expliquer, à moins qu'on ne procède comme
essayait de le faire un ministre de 1848 qui
mettait à la charge de la dette flottante de
1847 la totalité des dépôts de la Caisse d'é-
pargne, c'est-à-dire 355 millions, oubliant
que 290 millions, en vertu d'autorisations
législatives, avaient été convertis en rentes, et

qu'il ne restait que 65 millions à la charge de la dette flottante, cette dernière somme représentant seule la portion des dépôts qui avait été employée à l'acquit des dépenses publiques[1]. Comme il est impossible de prêter à des hommes tant soit peu éclairés, sans les accuser d'altérer volontairement la vérité, l'intention de reproduire une vieille erreur vingt fois réfutée, il faut mettre l'assertion sur le compte d'une fâcheuse distraction. Espérons que cette distraction ne se renouvellera plus, car elle finirait par faire douter de l'intelligence ou de la bonne foi de ceux qui y retomberaient après tant d'avertissements.

Le dernier document officiel qui, au moment où j'écris, ait donné des renseignements sur le chiffre actuel de la dette flottante, est l'exposé de la situation de l'Empire en date de janvier 1863, et ces renseignements sont un

1. Voir la note A à la fin du volume.

peu vagues. M. le ministre des finances glisse
assez rapidement sur ce sujet. En octobre, il
fixait la dette flottante à 865 millions; maintenant il se borne à dire : « Le chiffre du nouveau
découvert, DANS LES LIMITES OU IL EST AUJOURD'HUI
CONNU, n'excède pas les ressources que la
dette flottante a pu fournir sans qu'il faille
faire dépasser à cette dette les proportions
qu'elle a plusieurs fois atteintes dans les dernières années. » Ces déclarations sont bien
élastiques puisque la dette flottante a récemment dépassé un milliard. En outre, dans un
document où la valeur des expressions n'est
certainement pas livrée au hasard, on remar-
quera qu'il n'est question du découvert que
« DANS LES LIMITES OU IL EST AUJOURD'HUI CONNU, »
formule peu compromettante qui laisse une
large place à l'inconnu.

A la fin de 1860 l'ensemble des découverts
officiellement déclarés était de 848 millions.
Les découverts nouveaux (158 millions en

1861, 35 millions en 1862, d'après les chiffres du rapport) conduiraient à 1 milliard
41 millions si la conversion n'avait pas procuré au Trésor une somme de 158 millions,
égale aux découverts de 1861.

Nul n'a jamais cherché à établir que qui
que ce soit pût avoir l'intention de tromper le
corps législatif et le pays sur la véritable
situation des finances; mais on a accumulé les
preuves de mécomptes dont la vérité a été
tardivement démontrée et avouée. En voici
un dernier témoignage. Le 7 juin 1861,
M. Magne, répondant à M. Gouin qui avait
contesté l'équilibre promis au budget de 1861,
disait au corps législatif : « Si vous voulez
vous borner aux faits accomplis, aux décrets
rendus jusqu'ici, savez-vous à quel résultat
vous seriez arrivés pour les premiers mois
de 1861? A un excédant de recettes ne s'é-
loignant pas d'une vingtaine de millions. »
M. Magne, faisant ensuite de prudentes ré-

serves, ajoutait : « Personne, il est vrai, ne peut prévoir *au juste* ce qui arrivera jusqu'au 31 août 1862, époque à laquelle les renseignements définitifs sur l'exercice 1861 seront à peine parvenus à l'administration. » Ce qui est arrivé, *au juste*, en ne prenant que les chiffres de M. Fould, c'est un déficit de 158 millions. La différence entre les évaluations de M. Magne, il y a dix-huit mois, et les résultats constatés et déclarés aujourd'hui, serait de 178 millions. Ce que M. Gouin disait du budget de 1861 n'est autre chose que ce qu'on a dit de celui de 1862, que ce que nous réserve très-probablement celui de 1863 [1].

Le montant des traites tirées pour la guerre du Mexique s'est accru dans des proportions qui dépassent tout ce que les plus méfiants en avaient d'abord auguré ; il est impossible

---

1. Voir la note B à la fin du volume.

de conjecturer, à 25, à 50 millions près, ce
que finira par coûter cette malencontreuse
expédition, quelle somme elle ajoutera aux
déficits, et, malheureusement, ce n'est pas de
longtemps que l'on pourra apprécier toutes
les conséquences de cette guerre pour nos
finances.

Le grave inconvénient des virements, sans
la garantie de la spécialité, est que les sommes
inscrites au budget peuvent être détournées
de leur destination première, de telle sorte
que des dépenses jugées utiles, indispensables
même, par le corps législatif, se trouvant
ajournées faute de fonds, viendront grever un
des exercices suivants. Pouvons-nous compter, par exemple, que toutes les sommes
affectées aux travaux d'entretien et de con-
struction aient reçu l'emploi auquel elles
étaient destinées et qu'aucunes n'aient été
appliquées aux dépenses de l'effectif? Ce qui
n'est pas douteux, c'est que le matériel de la

marine et celui de la guerre ont fourni, pour
les besoins de la flotte et de l'armée du Mexique, plus qu'il ne leur a été rendu; et, si
on veut remettre notre marine militaire, nos
vaisseaux convertis en transports, nos arse-
naux et nos magasins, sur le même pied
qu'auparavant, on n'y parviendra qu'au moyen
de prélèvements extraordinaires sur les exercices futurs. C'est là ce qu'on pourrait appeler LA DETTE DIFFÉRÉE de la guerre, et il n'est
pas d'homme tant soit peu au courant des affaires qui ne sache jusqu'où cette charge
ajournée peut monter. Les découverts ne
peuvent donc pas ne pas s'accroître rapidement et, la dette flottante ne pouvant être
actuellement beaucoup au-dessous d'un milliard, un emprunt prochain est inévitable. La
dette flottante sera soulagée de quelques centaines de millions; 25 à 30 millions de rentes
s'ajouteront à la dette publique; les reliquats
de l'emprunt seront consacrés pendant un

temps plus ou moins long à combler les déficits des budgets; puis ce sera à recommen-
cer, à moins que quelque changement considérable ne s'opère dans la politique, soit par
l'initiative gouvernementale, soit par une atti-
tude plus résolue du corps législatif; non pas
que désarmé comme il l'est, le corps législatif
puisse exercer une action directe; mais, s'il
montrait la ferme volonté de résister au moins
par son langage, il est permis d'espérer que
le gouvernement serait trop sage pour ne pas
tenir grand compte de ses avertissements.

Il n'a pas été jusqu'ici parlé de la conversion de la rente 4 1/2 pour 100 accomplie ou,
pour mieux dire, partiellement opérée en 1862,
et il ne serait pas indispensable au but de
cette étude d'aborder ce sujet s'il n'y avait
à en tirer d'utiles enseignements, si l'opération avait été généralement comprise, même
de beaucoup de ceux qui y étaient inté-
ressés, s'il ne s'était fait, à ce sujet, dans les

esprits, une certaine confusion. Le nom même donné à l'opération n'était pas juste. Il ne s'agissait pas d'une conversion dans le sens véritable du mot qui signifie : « offre aux rentiers de leur rembourser au pair le capital de leur inscription, à moins qu'ils ne préfèrent accepter une réduction de l'intérêt. » La conversion de 1862 n'a pas eu ce caractère. C'était, à vrai dire, une conversion fictive puisque l'époque où les engagements pris auraient permis de rembourser n'était pas arrivée, que le pair du fonds à convertir n'était pas atteint, que le taux général de l'intérêt n'autorisait pas l'État à considérer comme trop élevée la continuation d'une rente de 4 fr. 50 c. pour cent francs de capital, ce que prouvait assez le cours de valeurs excellentes dont quelques-unes, comme les obligations de chemins de fer, étaient, au moins pour une forte part, garanties par l'État et dont plusieurs donnaient un intérêt peu inférieur, égal et même supérieur à 5 pour 100. Sans oublier que beaucoup de ces valeurs offraient, par les conditions attachées à leur amortissement, des avantages plus grands que ceux qu'on pouvait attendre de l'élévation future et problématique du cours des rentes de la dette consolidée.

On a donc eu raison de dire que la conversion telle qu'elle a été pratiquée n'était qu'une forme onéreuse et timide de l'emprunt. L'État ne pouvant rembourser ses créanciers leur disait : « Je vous dois 173 millions de rentes en 4 1/2 pour 100 [1] au capital nominal de 3 milliards 800 millions; je voudrais convertir cette dette en une somme égale de rentes 3 pour 100 au capital nominal de 5 milliards 766 millions. Je n'attends pas l'époque où j'aurais le droit et la possibilité de

---

1. Je laisse en dehors, afin de simplifier cet examen rétrospectif, les rentes 4 pour 100 qui s'élevaient environ à 2,300,000 fr.

vous obliger à opter entre la réduction de
l'intérêt et le remboursement du capital au
pair, et je vous offre un marché, je désire
que vous l'acceptiez; il sera d'ailleurs avantageux pour vous. Je donnerai à chacun de
vous, en 3 pour 100, la même somme de
rentes qu'il possède en 4 1/2; seulement,
comme ces rentes nouvelles au cours respectif
des deux fonds représenteront un capital
réalisable plus élevé en 3 pour 100 qu'en
4 1/2, je ne puis vous en faire l'entier abandon, et nous partagerons la différence. La
rente 3 pour 100 étant à 71 fr. 05 c. [1], 4 fr.
50 c. de rentes valent 106 fr. 57 c.; le pair
du 4 1/2 pour 100 étant de 100 francs la
différence est de 6 fr. 57 c.; partageons cette
différence : versez au Trésor 5 fr. 40 c.
pour 3 francs de rentes converties, vous ga-
gnerez 1 fr. 17 c. » Tel était le plan de

1. Le 12 février 1862, jour où fut fixée la soulte.

M. Fould. Ces propositions, a-t-il dû se dire,
sont simples, avantageuses, elles seront comprises et acceptées de tous. Mais, outre que
beaucoup de rentiers pouvaient ne pas juger
comme lui les avantages du marché offert, il
oubliait trop que la consolidation des livrets
de la Caisse d'épargne, en 1848, et les emprunts par voie de souscription nationale
avaient mis une bonne part de la rente 4 1/2
pour 100 dans les mains de gens qui savent
peu ou qui ne savent pas du tout ce que
c'est que le crédit public, ce que c'est que
la rente et ce que sont les différences de
cours entre les divers fonds. Beaucoup de
ces gens-là croient fermement qu'il est impossible qu'un capital placé en 3 pour 100
rapporte à peu de chose près le même intérêt
qu'un capital placé en 4 1/2 ; ils seraient per-
suadés qu'on se moque d'eux, si on cherchait
à le leur démontrer. Ce qui prouve que,
quand on s'adresse au public pour lui de-

mander quelque chose, il faut tenir grand
compte de ses préjugés et de son ignorance.
A cette première catégorie s'ajoutait celle,
fort nombreuse aussi, des petits rentiers qui,
prêts à accepter la conversion soit parce qu'ils
s'étaient laissé convaincre, soit par ce qu'ils
avaient confiance en ceux qui la leur offraient,
en étaient empêchés faute de pouvoir payer
la soulte sur leurs économies antérieures, ou
faute de pouvoir, même avec de grande facilités pour les termes de versement, prélever
cette soulte sur un revenu qui suffisait à
peine au strict nécessaire. Il était donc à
prévoir que, dans ces deux catégories de rentiers, ceux qui n'apprécieraient pas les avantages de la conversion ou qui ne pourraient
pas payer la soulte garderaient leurs rentes ou
les vendraient. C'est ce qui n'a pas manqué
d'arriver, surtout parmi les petits rentiers des
départements, effrayés, ne comprenant pas ce
qu'on voulait d'eux, désireux avant tout d'é-

chapper à des embarras. La plupart ont vendu
leurs rentes peu avantageusement à des spéculateurs empressés de s'assurer les profits
que leur laissait la différence des cours entre
les Bourses locales et la Bourse de Paris. Cela
n'a pu se faire sans un certain dommage
pour le crédit,, puisque beaucoup de ces ven-
deurs sont pour longtemps dégoûtés de la
rente, et sans un certain dommage pour le
gouvernement qu'on accusait de sacrifier les
petits capitaux qui ne savent pas se défendre.

Quels étaient en majorité les autres porteurs
de 4 1/2 pour 100, fonds essentiellement im-
mobilisé et peu recherché des spéculateurs?
C'étaient des communes, des établissements
publics et de bienfaisance, des femmes mariées
sous le régime dotal, des mineurs. Envers les
premiers l'État pouvait user, et usa largement,
de son influence; mais, en définitive, près de
40 millions de rentes (39,236,885 francs) n'ont
pas été convertis et, sur ces 40 millions, le

rapport du 6 octobre 1862 annonçait que
la moitié seulement était frappée d'obstacles
légaux. Les détenteurs de 4 1/2 pour 100
se trouvèrent d'autant plus portés à vendre
leurs rentes, au lieu de les convertir, que des
valeurs excellentes et nombreuses dont quelques-unes, comme les obligations de chemins
de fer, jouissaient d'une garantie de l'État,
offraient aux capitaux un remploi avantageux.
Aussi, en présence de ventes incessantes, fallut-
il d'énergiques efforts pour soutenir les cours;
un syndicat de receveurs généraux fut formé,
de grandes maisons de banque furent intéressées au succès de l'opération et des rentes
furent achetées jusqu'à concurrence de sommes considérables. Ces rentes flottantes et
non-classées ont longtemps pesé sur le marché,
elles y pèsent encore aujourd'hui. En définitive, il y a eu environ 135 millions de rentes converties et la soulte obtenue a été de
158 millions. C'est bien peu pour un si grand

trouble et pour une si grosse charge acceptée
à toujours. Car, en renonçant à rembouser
jamais le 4 1/2 pour 100, on renonçait à effacer, plus ou moins prochainement, du grand
livre de la dette publique, le neuvième de
173 millions de rentes, soit 19 millions, et
à en faire disparaître un jour pour 38 millions encore.

Quelques mots seulement des obligations
trentenaires. On se rappelle quand et comment
elles furent créées. En 1857 l'État devait encore 200 millions aux compagnies de chemin
de fer pour les subventions auxquelles il
s'était engagé; ces 200 millions étaient paya-
bles en dix ans, mais 40 millions environ
venaient à échéance en 1857 et 1858. On
ne voulait pas faire un emprunt et il était
impossible de prélever ces 40 millions sur
des budgets déjà surchargés ou de faire supporter ce nouveau poids par la dette flottante. On eut l'idée de répartir sur trente

années la charge des dix années et on cal-
cula que 6 fr. 50 c. suffisaient au payement
de l'intérêt et à l'amortissement en trente ans
d'un capital de 100 francs. Puis, comme il
fallait aux compagnies non pas une rente mais
un capital, on imagina de représenter cette
rente trentenaire par un titre qu'on négocie-
rait pour en obtenir le capital. C'est ainsi
que furent créées les obligations de 500 francs
remboursables en trente ans par tirages successifs et portant 20 francs d'intérêt, soit
4 pour 100 du capital nominal. Le prix d'é-
mission put varier légèrement suivant les
circonstances et celui de la première série ne
dut pas être inférieur à 444 fr. 49 c.

Ainsi restreinte la mesure pouvait être sinon
approuvée du moins acceptée comme un expédient ; mais lorsqu'on voulut, par la loi de
1861, l'étendre, l'ériger en système et l'appliquer à tout l'achèvement du réseau des
chemins de fer, les objections se produisirent

fortes et nombreuses. L'obligation trentenaire
mettait à la charge du présent un emprunt
à environ 7 pour 100, tandis qu'un emprunt
en rentes n'aurait coûté que 4 1/2 ou guère
plus. Était-il juste de sacrifier ainsi la génération actuelle aux générations futures, quand
il s'agissait de travaux qui devaient surtout
profiter à l'avenir? Envisagé même à un point
de vue absolu le mode d'emprunt était onéreux. D'ailleurs quel effet allait produire sur
le marché l'émission de 700 à 800 mille
titres si nouveaux pour nous? — Il est inutile
aujourd'hui de s'étendre davantage sur les
objections par lesquelles la loi de 1861 fut com-
battue. Les obligations trentenaires ont vécu
et nous pourrions nous estimer heureux de
n'avoir jamais eu d'autres preuves d'instabilité
dans le gouvernement des finances du pays.

Quand la conversion du 4 1/2 pour 100
fut annoncée, il ne fut nullement question
des obligations trentenaires, et, dans le pre-

mier moment, le public n'y songea point.
Ceux qui, sans être dans un secret qui ne dut
certainement pas leur être confié, furent assez
heureux ou assez habiles pour prévoir que le
désir d'unification de la dette pourrait faire
comprendre les obligations trentenaires dans
l'opération, et qui eurent l'idée d'acheter tous
les titres qu'ils purent rassembler (opération
qui se fit sur une grande échelle), ceux-là
eurent lieu de s'applaudir de leur inspiration.
Car lorsque la conversion de ces obligations
fut déclarée et lorsque les conditions en furent connues, une hausse considérable et de
grands bénéfices pour les acheteurs en devinrent la conséquence. Chaque obligation
donnait droit à 20 francs de rentes 3 pour 100
qui, au cours de 71 francs, valaient 533 francs;
les obligations n'avaient pas, tout compte
fait, procuré 450 francs à l'État[1]. Émission

---

1. 675,000 obligations étaient en circulation; 604,618

coûteuse, conversion plus coûteuse encore, telle est en deux mots l'histoire de cette éphemère et malencontreuse existence.

La conversion, telle qu'elle a été faite, n'était, à tout prendre, qu'un emprunt à gros intérêts; « c'était, » a dit un homme d'esprit, « vendre son droit d'aînesse pour un plat de lentilles. »

Comme emprunt elle a produit 158 millions, juste assez pour combler le déficit de 1861; à tout autre point de vue l'opération a échoué : l'unification n'est qu'un vain mot quand il reste 40 millions de rentes du fonds converti, c'est-à-dire près du quart; les cours du 3 pour 100 sont restés aussi bas sinon plus bas qu'avant la conversion et resteront tels, car ce qui les comprime ce n'est pas seulement la concurrence des autres valeurs fran-

---

ont été échangées contre du 3 pour 100; 70,542 restent entre les mains des possesseurs.

çaises et de toutes les valeurs étrangères qu'on laisse, chaque jour, envahir le marché. A ces causes vient s'ajouter, pour empêcher la hausse des fonds, la conviction qu'a le public de la nécessité peu éloignée d'un emprunt pour faire face aux découverts passés et à ceux que crée chaque jour pour la guerre du Mexique; enfin, et plus que tout, l'incertitude où la nation vit sur ses destinées réglées sans contrôle par une politique dont les inspirations sont aussi mystérieuses que les résolutions sont imprévues et soudaines.

Pour défendre l'administration financière contre les reproches qui lui sont adressés, pour expliquer, en la justifiant, l'énormité des charges publiques, on répète invariablement chaque année, dans les documents et dans les discours officiels que les dépenses extra-budgétaires ont eu un caractère extraordinaire, que la guerre n'est pas un état normal et que bientôt viendront des temps meil-

leurs. Oui, cela est vrai, la guerre n'est pas
la destinée des nations et, après trente ans
de paix, beaucoup d'esprit généreux s'étaient
pris à espérer que le monde civilisé échap-
perait désormais à ce terrible fléau. C'était
une utopie, je le veux bien; cependant l'é-
branlement de 1848 n'alluma pas la guerre;
la liberté, dont nous avions joui et dont nous
gardâmes alors le bienfait, assura la paix de
l'Europe en sauvant la France des excès qui
suivent trop souvent les révolutions. Folles
ambitions, rêveries chimériques, projets coupables, tout se dissipa, dans l'assemblée constituante, sous la lumière de la discussion. La
France, étonnée et presque rassurée, vit ceux
que l'anarchie ou le despotisme auraient
frappés d'ostracisme, en les traitant de vaincus
et d'hommes des anciens partis, se faire
écouter des vainqueurs et reconquérir rapidement cet ascendant salutaire qu'obtiennent
toujours l'expérience et le talent sur des gens

de bonne foi. Je pourrais citer des noms, mais ces noms sont dans toutes les mémoires. Des rangs des hommes nouveaux surgirent de puissants auxiliaires à la défense de la société et de la saine politique; le drapeau de la République ne franchit la frontière que pour aller protéger le saint-siége; grâce à la liberté, des républicains de la veille vécurent en rapports d'estime réciproque avec des adversaires loyaux, qui avaient la franchise de ne pas même se dire républicains du lendemain, mais qui, fidèles aux principes et aux engagements de toute leur vie, et sans qu'on prétendît leur imposer des professions de foi, respectaient, comme ils le font aujourd'hui, les lois de leur pays et se soumettaient à ses volontés.

Au début d'une ère nouvelle, dont le nom rappelait le souvenir d'une grande gloire suivie de terribles revers, il fut aisé de prévoir que la France ne tarderait pas à entendre le bruit des armes. La guerre de Crimée et, bientôt après, celle d'Italie ont inscrit dans nos annales des victoires chèrement payées de notre sang et de notre or, mais dont l'éclat fit oublier le prix. Toutefois, lorsqu'à ces deux guerres eurent succédé les expéditions de Chine et de Cochinchine, le désir du repos commença à se faire sentir et bien des gens pensèrent que l'activité du pays pourrait puiser un aliment salutaire dans la discussion et le maniement de ses intérêts, au lieu de se détourner toujours vers de lointains objets. On commença à se dire que la paix rendrait à l'agriculture les bras qui lui manquent et permettrait de diminuer les impôts au lieu de les augmenter; que nous avons beaucoup à faire et beaucoup à conquérir chez nous, avant de nous donner pour mission de porter au loin les bienfaits de la civilisation et de la liberté. Aussi c'est avec tristesse que le pays a vu entreprendre

l'expédition du Mexique, dont il n'a compris
ni les causes ni le but. Plus d'une année s'est
écoulée sans qu'il les comprît davantage, sans
que rien fût fait pour le tirer d'incertitude.
L'honneur du drapeau est engagé et il n'y a
plus de place aujourd'hui que pour un seul
sentiment, le vif désir du succès. Faisons
donc des vœux ardents pour les soldats hé-
roïques dont on ne sait si l'on doit admirer
plus le courage ou la constance ; faisons des
vœux pour qu'un prompt et glorieux dé-
noûment les arrache à ces rivages lointains,
pour que nous voyions clore la série des expéditions d'outre-mer et pour que l'état
troublé de l'Europe ne nous entraîne pas
dans de nouvelles aventures. Toutefois, qu'on
n'en doute pas, ceux qu'on aurait habitués
à voir dans un gouvernement le régulateur
suprême de toutes choses, le dispensateur
unique de tous biens, pourraient seuls se
croire en droit de lui attribuer la responsa-

bilité de tous maux. Les gens sensés savent
qu'il est des événements que l'homme n'a ni
le don de prévoir ni la possibilité de prévenir ; moins exigeants qu'on ne se plaît à le
dire, ils se contenteraient à meilleur marché
qu'on n'affecte de le croire. S'ils plaident la
cause de la liberté, ce n'est pas pour ébran-
ler l'édifice social déjà trop miné par tant de
révolutions, c'est pour l'affermir ; ce n'est
point pour armer les partis, c'est pour les
désarmer....

Il n'est donc pas aisé de comprendre comment un zèle maladroit fait traiter d'ennemis
du gouvernement tous ceux qui lui conseil-
lent de partager la responsabilité des actes
par lesquels il engage l'avenir et la fortune
du pays. Rien ne l'a gêné jusqu'ici, rien ne
l'a poussé dans la voie qu'il a suivie ; toute
initiative, toute impulsion sont venues de lui ;
il n'a rencontré aucun obstacle et ne semble
en avoir aucun à prévoir : c'est donc de lui

seul que dépend le succès de toute réforme.
S'il le veut, l'ordre et l'économie peuvent
reparaître dans nos finances; sinon, il ne
trouverait, pas plus que par le passé, de
sauvegarde hors de lui-même. Malheureusement ses bonnes intentions sont restées
sans effet, et ses promesses réitérées seraient
encore mieux accueillies si elles trouvaient
dans le passé la sanction qu'elles attendent
encore de l'avenir. Il a eu le courage, dont
il faut le louer, de se rendre à l'évidence,
de proclamer, par la bouche de M. Fould, en
novembre 1861, les résultats funestes de l'absence de contrôle, et de demander, en mars
1863, un bill d'indemnité pour la violation
des règles posées par lui-même; mais, s'il est
noble de reconnaître des erreurs, il y a plus
de grandeur encore à chercher la contradiction qui les prévient, et tel aveu dont on
s'honore ne pourrait se renouveler sans dommage et sans péril. Cette conviction ne peut

être étrangère à la pensée qui, après avoir inspiré les actes de novembre 1860 et de novembre 1861, s'est manifestée depuis, dans plus d'une circonstance solennelle. Toutes les concessions qui seront reconnues nécessaires nous ont été promises, à la seule condition de maintenir intactes les bases fondamentales de la Constitution. Si tous les pouvoirs avaient tenu le même langage et y étaient restés fidèles, beaucoup se seraient sauvés, car ce ne sont jamais les concessions faites en temps opportun qui les ont perdus. Si Napoléon avait su vouloir en 1812, et même en 1813, ce qu'il se résigna à subir au retour de l'île d'Elbe, la France n'aurait eu ni les deux invasions ni Waterloo. Il ne put trouver en 1815, dans une nation épuisée par ses sacrifices et trop longtemps pliée sous le despotisme, l'énergie et la confiance qu'il tenta de ranimer par la promesse de la liberté. Il était trop tard. Après ce terrible exemple, aucun gouvernement ne

voudra réduire la France à ne devoir la re-
connaissance de ses droits qu'au besoin de
faire oublier des fautes et de réparer des
désastres.

CHAPITRE V

LA DETTE PUBLIQUE ET L'AMORTISSEMENT

CHAPITRE V.

Rien n'est plus intéressant que de suivre la marche de la dette publique, de voir comment cette dette, qui n'atteignait que 63 millions de rentes actives[1] en 1814, 164 millions

1. Les rentes actives, c'est-à-dire celles que l'État doit à des tiers, simples rentiers ou établissements publics, repré-

en 1830, 176 millions au commencement de 1848, s'élève aujourd'hui à 327 millions, de telle sorte qu'il ne s'en faut que de 25 millions qu'elle soit doublée depuis la chute du régime représentatif. Les trente-trois années de la monarchie constitutionnelle n'ont laissé inscrites au grand livre que 113 millions de rentes nouvelles (en moyenne annuelle moins de trois millions et demi), tandis que les quatre années de la république et les onze années de l'empire ont augmenté la dette perpétuelle de 151 millions de rentes (en moyenne annuelle plus de dix millions).

63,307,637 francs de rentes figuraient sur le grand livre au 1er avril 1814. C'étaient :

sentent la véritable dette. Quant à ce que l'État se doit à lui-même, c'est-à-dire les rentes rachetées et appartenant à la caisse d'amortissement, que l'État peut annuler ou dont il peut, ainsi qu'il le fait en ce moment, suspendre le service, si c'est là plus qu'une fiction, si c'est un puissant et indispensable instrument de libération, cependant, en réalité, cette partie de la dette n'existe plus, *comme dette*.

pour 40 millions environ, les débris des
174 millions de la dette publique en 1793,
réduite de plus des trois quarts par la consolidation au tiers (9 vendémiaire an VI) et par
les annulations opérées à la suite du payement en rentes des domaines nationaux et
des biens confisqués ; pour 6 millions, la dette
des pays réunis à la France ; pour le surplus
c'étaient les rentes créées en vue de la liquidation de l'arriéré ou à d'autres titres, avant
et pendant l'empire.

Dans un écrit qui fit une légitime sen-
sation, en 1849, M. Dumon s'exprimait
ainsi :

« La plus forte partie de la dette a été
créée sous la restauration. L'empire s'est peu
servi du crédit ; il n'en aimait pas l'usage ; il
n'en pratiquait pas les deux conditions essentielles, l'exactitude et la bonne foi. La
dette perpétuelle de 63 millions qu'il a laissée
à sa chute est presque en totalité antérieure

à son avénement; mais il transmit à la restauration la liquidation des dettes qui remon-
taient à ses victoires et qu'il fallut acquitter
après ses revers. La France paya tour à tour
l'invasion et l'affranchissement de son territoire. Cette liquidation de nos désastres pèse
encore sur nos finances; plus de 100 millions
de notre dette perpétuelle n'ont pas d'autre
origine[1]. »

Au 31 juillet 1830, la dette fondée offrait
les résultats suivants :

	fr.
Total des rentes inscrites..	202,381,180
Rentes appartenant à la caisse d'amortis- sement....	37,813,080
Rentes actives......................	164,568,100
En déduisant les rentes actives au 1ᵉʳ avril 1814..............................	63,307,637
Il reste...,..........................	101,260,463

1. *De l'équilibre des budgets sous la monarchie de 1830,*
page 21.

Ces 101 millions représentent l'excédant des rentes créées sur les rentes rachetées par le gouvernement de la restauration, y compris toute la large part des charges publiques dont, comme on vient de le voir, la restauration n'est pas responsable, y compris également le milliard de l'indemnité, etc.

Au 1er mars 1848, la situation du grand-livre était celle-ci :

	fr.
Total des rentes inscrites................	244,287,206
Rentes appartenant à la Caisse d'amortissement........................	67,441,899
Rentes actives.......................	176,845,307
Les rentes actives s'élevaient au 31 juillet 1830 à......................	164,568,100
Différence en plus..................	12,277,207

Les dix-huit années de la monarchie de juillet n'avaient donc ajouté que 12 millions de rentes à la dette consolidée, moins de

700,000 francs par an; tandis que les quinze années qui nous séparent de 1848 ont vu cette dette s'accroître de 151 millions, plus de 10 millions par an.

Si, pour comparer plus exactement 1830 à 1848, on tient compte des autres éléments de la dette publique et de l'actif du Trésor, on reconnaît que l'ensemble des charges de l'État ne s'était en définitive accru que de 100 millions environ, *en capital*, sous ce gouvernement qui a consacré plus d'un milliard à l'Algérie et plus d'un milliard et demi aux travaux publics extraordinaires. M. Vitet a publié sur cette question, dans la *Revue des Deux Mondes*[1] une étude faite avec la conscience et le talent qu'il apporte à toutes choses. On y trouvera les détails qui ne sont ici que résumés.

Avant d'examiner ce qu'est devenue, en

1. Numéro du 15 septembre 1848.

1863, la dette de 1847, il faut faire la part de la révolution de 1848 ; car l'empire, qui lui doit l'existence, est en droit d'en décliner la solidarité financière. Rarement si courte période vit se multiplier tant de charges : emprunts onéreux, consolidation de 246 millions de bons du Trésor en rentes 3 pour 100 à 55 francs ; consolidation, plus onéreuse encore, des livrets de la Caisse d'épargne, suspension de l'amortissement ; impôt des 45 centimes, etc. J'abrége cette énumération, dans laquelle je ne fais que rappeler les principales charges qui pesèrent sur le présent ou grevèrent l'avenir. Je ne dis rien des pertes du commerce, de l'industrie, de la propriété mobilière et immobilière, et j'arrive au résultat définitif pour la dette publique. Ce résultat fut l'inscription de 53,923,496 francs de rente nouvelles sur le grand-livre.

	TOTAL. des rentes inscrites.	RENTES appartenant à la Caisse d'amortisse- ment.	RENTES actives.
	fr.	fr.	fr.
1er mars 1848..........	244,287,266	67,341,899	176,845,367
1er janvier 1852........	242,774,478	12,005,615	230,768,863
Différence. { en moins..	1,512,788	55,336,284	»
{ en plus....	»	»	53,923,496

Le total des rentes inscrites était diminué de 1,512,788 francs; mais ce n'était là qu'une apparence, car cette réduction n'était obtenue que par l'annulation de rentes appartenant à la Caisse d'amortissement, pendant que les rentes *créées* ajoutaient une charge annuelle de 53,923,496 francs à la dette *active*.

Quant à la dette flottante, malgré tant de remboursements onéreux, elle était au 1er janvier 1852 de 575 millions et avait atteint, à peu de chose près, les mêmes proportions qu'à la fin de 1847.

Les crédits demandés pour le service des intérêts de la dette consolidée[1] et pour l'amortissement sont inscrits au budget de 1861 pour . . . .
fr. 503,960,292

En retranchant la dotation de l'amortissement 118,022,745

Il reste pour le total de la dette inscrite 385,937,547

Le total des rentes inscrites s'élevait au 1er janvier 1852 à 242,774,478

Différence en plus représentant l'accroissement des rentes de la dette consolidée, de 1852 à 1864 143,163,069

Si du total des rentes inscrites on dé—

1. J'ai pris les chiffres du budget de 1864 comme les plus récents.

La dette consolidée se compose aujourd'hui des éléments suivants :

	Intérêts	Capital nominal
4 1/2 pour 100. , . .	39,759,628	883,000,000
4 pour 100.	478,081	12,000,000.
3 pour 100.	345,699,838	11,523,000,000
	385,937,547	12,418,000,000

duit les rentes appartenant à l'amortissement. . . . . (58,515,236 fr.),
il reste pour les rentes actives. 327,422,311
 Elles s'élevaient en 1852
à. 230,768,371
                            _____
Différence en plus. . 96,653,940 fr.

Ainsi au commencement de 1863, époque
de la présentation du budget de 1864, c'est-
à-dire en onze ans, depuis l'établissement de
l'Empire, la dette fondée s'était accrue de
96 millions, soit, en moyenne annuelle, de
près de 9 millions, on a vu plus haut que
cette moyenne avait été de 700 mille francs
pour les dix-huit années de la monarchie
de 1830. Il convient, en outre, de faire
remarquer que la conversion, opérée en 1852,
de 175,664,010 francs de rentes 5 pour 100
en 158,097,609 fr. de rentes 4 1/2 pour 100
a diminué les rentes actives, et par consé-

quent les charges annuelles du Trésor, de 17,566,401 francs, sans changer le capital nominal de la dette; car une conversion[1] n'est qu'une réduction du taux de l'intérêt sur une partie de la dette. Si la conversion de 1852 n'avait pas fait disparaître du grand livre 17,567,401 francs de rentes, le total des rentes créées depuis 1852 s'élèverait à 160,729,470 francs au lieu de 143,163,069 francs.

[1]. Je parle d'une conversion dans le sens qui a été toujours donné à ce mot et non pas d'une opération qui n'est qu'un expédient ruineux comme la prétendue conversion de 1861. Celle-là n'a eu d'autre résultat que de mettre à la charge perpétuelle de l'État le neuvième des 133 millions de rentes converties, soit environ 15 millions de rentes dont il pouvait espérer se libérer un jour par une conversion véritable avec offre du remboursement du capital; et cela pour recevoir une somme de 158 millions, à titre de soulte, plutôt arrachée aux rentiers qu'obtenue de leur libre volonté, ce qui équivaut, pour l'État, à un emprunt à plus de 10 pour 100.

Ajoutons encore que des conversions successives ramenant la rente 4 1/2 pour 100 au taux uniforme de 3 pour 100 auraient pu, avec le temps, libérer l'État du tiers des 173 millions de rentes, soit, de 57 millions.

17

A cette dette fondée il faut ajouter :

	fr.
1° La dette viagère.	76,607,931
2° Les dettes diverses, telles qu'intérêts de la dette flottante, intérêts des emprunts spéciaux pour canaux, etc., etc.	60,308,617
3° La liste civile et les dotations.	45,113,280
Ensemble.	182,029,828
Les intérêts de la dette consolidée, les réserves et la dotation de l'amortissement s'élevant à.	503,960,292
Portent à.	685,990,120

les sommes à payer obligatoirement en dehors de tous les services des départements ministériels, de l'armée, de la flotte et des travaux publics.

La dette publique et les dotations figuraient ainsi au budget de 1848.

	fr.
Intérêts de la dette consolidée, réserves et dotations de l'amortissement. . . .	291,287,951
Dette viagère.	55,047,940
Dettes diverses et dette flottante.	38,110,300
Liste civile et dotations.	14,870,000
Total à reporter	399,316,191

Report. Total 399,316,191
Les mêmes natures de charges exigent,
en 1864 685,990,120

Différence en plus 286,673,929

La dette consolidée et l'amortissement, la dette viagère, la dette flottante, les pensions et les dotations, qui figuraient pour 399 millions au budget de 1848, ont augmenté de 286 millions en quinze ans et dépassent 685 millions.

Il est instructif de faire, au point de vue de ces charges, le bilan des gouvernements qui se sont succédé depuis le premier empire.

Elles figuraient dans leur ensemble :

1º Au budget de 1817[1] pour . . . . 234 millions.
2º Au budget de 1830 pour . . . . 360 —

Augmentation en 13 ans.. . . . . 126 —

1. J'ai pris le budget de 1817 parce que c'est le premier qui fut établi par le gouvernement de la restauration sur les bases des budgets actuels et surtout parce que les budgets de 1815 et de 1816 avaient été trop affectés par des circonstances exceptionnelles.

3° Au budget de 1831 pour . . . ., . 360 millions.

4° Au budget de 1848 pour. 399   —

Augmentation en 17 ans. . . . . 39 millions.

5° Au budget de 1853' pour. 408   —

6° Au budget de 1864 pour. 685   —

Augmentation en 11 ans. . . . . . . 277 millions.

L'amortissement ne peut se séparer d'une étude sur la dette publique. Au double point de vue de la fidélité aux engagements contractés et de la bonne administration de la fortune de l'État, il a, avec la dette, les rapports les plus directs et les plus essentiels. De tous les dangers que puisse faire braver l'habitude de dépenser, sans compter, il n'en est

1. Le budget de 1853 est le premier des budgets de l'Empire. Mais, comme ce budget avait été voté dans la période présidentielle qui précéda l'Empire, j'ai complété le chapitre des dotations d'après les chiffres du budget de 1854. Je n'ai pas fait entrer dans mes comparaisons la courte période républicaine qui fut une époque exceptionnelle. D'ailleurs les comparaisons entre des gouvernements dont l'organisation est trop différente manqueraient de justesse.

pas de plus redoutable, de tous les expédients auxquels puisse faire recourir le désir de présenter des budgets en apparent équilibre, il n'en est pas de plus fâcheux que la suspension de l'amortissement qui, supprimé de fait depuis 1848, avait été momentanément remis en vigueur en 1859.

Les 176 millions qui forment la totalité des ressources de l'amortissement, dotation et rentes[1], sont détournés de leur destination et figurent en recette au budget de 1864. Il y a quatre ans, en présentant le budget de 1859, le gouvernement demandait que 40 millions fussent consacrés à faire revivre l'amortissement suspendu depuis 1848, et le demandait en ces termes :

« Cette situation favorable du budget de-

---

1. Dotation. . . . . 118,022,745 fr.
   Rentes. 58,515,236
   Total. . . . . 176,537,981 fr.

vait naturellement faire penser au gouvernement que le moment était venu, sans témé-
rité, sans s'exposer à des mécomptes, de
rétablir l'amortissement.... Nous nous félici-
terons avec vous qu'il soit possible de faire
disparaître de notre système financier cette
dernière trace de la crise financière de 1848.

« Les ressources de la Caisse d'amortissement devant s'élever en 1859 à 123,686,262
francs, nous nous proposons de ne porter en
recette, comme produit de la réserve de l'a-
mortissement, que 83,686,262 francs, et de
laisser ainsi 40 millions affectés au service
de la dette consolidée[1]. »

Dans son rapport à l'empereur sur le budget de 1860, M. le ministre des finances re-
nouvelait ces engagements avec plus de force
encore, s'il est possible :

« On sait que le budget de 1859 a restitué

---

1. *Exposé des motifs du budget de* 1859.

à l'amortissement 40 millions; le projet de budget de 1860 propose d'y ajouter encore 20 millions. Si donc les revenus de l'État continuent à progresser, il ne sera pas impossible, dans le budget suivant, d'allouer les 29 millions nécessaires pour compléter sa dotation normale, qui est de 89 millions. *Ainsi dans un temps prochain, une des conséquences les plus regrettables des embarras financiers d'une autre époque aura complétement disparu*[1]. »

« *La commission du budget et le corps législatif tout entier*, disait l'honorable M. Gouin, dans la séance du 17 mai 1860, *applaudirent à cette résolution en félicitant le gouvernement de rentrer dans un grand principe d'ordre financier; mais, en présence d'une guerre imminente, la commission du budget jugea prudent de se renfermer dans*

1. *Moniteur* du 12 décembre 1858.

le chiffre de 40 millions. Comment se fait-il donc qu'aujourd'hui, au milieu de la paix, le gouvernement ait été amené à abandonner ce principe? »

La réponse à cette question est dans le chiffre des déficits, dans l'élévation de la dette flottante, dans la progression toujours croissante des dépenses et des crédits supplémentaires, sous quelque nom qu'on les déguise et sous quelque forme qu'on les obtienne.

De jour en jour le gouvernement en a agi, à l'égard de l'amortissement et vis-à-vis du Corps législatif, avec moins de façons et moins de scrupules. Il est curieux de suivre la progression décroissante des précautions oratoires dans les exposés des motifs des budgets. Ceux de 1859 et de 1860 contiennent l'expression de vifs regrets, l'espoir et la promesse d'une prochaine restitution à l'amortissement des ressources qui lui appartiennent; en 1861 on se borne à dire que l'on demande de porter en recette la totalité des ressources de l'amortissement, et à rappeler que « l'exposé des motifs du budget de 1859, tout en proposant d'affecter 40 millions au rachat de la dette, commençait par déclarer *qu'il n'y a d'amortissement sérieux et réel que celui qui s'effectue à l'aide d'un excédant de recettes sur les dépenses.* » Vérité trop évidente pour qu'on ait besoin d'y insister, excuse trop banale pour qu'on puisse y trouver une justification. C'est probablement là ce qu'ont pensé les ministres et le Conseil d'État puisque, dans les exposés des motifs et dans les rapports annexés aux budgets de 1862, de 1863 et de 1864, ils ont pris le parti prudent d'un complet silence à l'égard de l'amortissement. Le nom n'en est prononcé que pour faire affectation aux recettes de la totalité des dotations et de la réserve.

Lorsque les dépenses suivent une progression beaucoup plus rapide que les recettes,

lorsqu'on a multiplié les impôts et trop largement usé du crédit, il reste, avant de se
résoudre à l'économie, la ressource si com-
mode de la suspension de l'amortissement. La
ressource est d'un effet immédiat et infaillible;
les périls, quelque grands qu'ils soient, sont
pour l'avenir plus que pour le présent; les
rentiers, dont les droits sont méconnus, ne
peuvent réclamer et, lorsque les assemblées
délibérantes s'abstiennent de protester, la ten-
tation devient grande. Il faudrait, pour n'y
pas succomber, une prévoyance qu'on traite
volontiers de pusillanimité, ou la crainte de
résistances auxquelles on n'est plus habitué.

L'amortissement a été créé et doté par la
loi de finances du 4 mai 1816. L'article 115
lui donnait un caractère d'inviolabilité et le
plaçait sous la sauvegarde des chambres :
« Il ne pourra, *dans aucun cas ni sous aucun prétexte*, être porté atteinte à la dotation
de la Caisse d'amortissement. Elle est placée,

de la manière la plus spéciale, sous la surveillance et la garantie de l'autorité législative. »

Jusqu'à la chute de la monarchie représentative, ces dispositions, modifiées dans l'application par les lois de 1825 et de 1833, furent respectées dans leur principe; de 1816 au 24 février 1848 l'amortissement ne cessa pas un moment de fonctionner.

Membre de la chambre des députés en 1847, M. Achille Fould, tout en ne voulant pas qu'on exagérât la puissance de l'amortissement, en proclamait en ces termes la nécessité :

« Un État qui ne profiterait pas des périodes de paix et de prospérité pour réduire les dettes qu'il aurait contractées dans des temps de crise et de guerre, manquerait de prévoyance et grèverait ses finances d'un fardeau qu'elles ne pourraient supporter sans un surcroît intolérable d'impôts[1]. »

1. Séance du 6 mai 1847.

Avant de montrer quels services a rendus l'amortissement, il ne sera pas inutile de dire quelques mots de son organisation et de son action.

La loi de 1816, en instituant une caisse spéciale pour l'amortissement de la dette publique, lui avait attribué une dotation annuelle de 20 millions, que la loi du 25 mars 1817 porta à 40 millions et à laquelle cette loi ajouta 83 millions, produit net de la vente de 150,000 hectares de bois. Lors de la conversion des rentes 5 pour 100 en 3 et en 4 1/2 pour 100, en 1825, il fut décidé que désormais les rachats de rentes n'auraient lieu qu'au-dessous du pair; et, par une disposition vivement critiquée, la même loi statua que les rentes à racheter, du 22 juin 1825 au 22 juin 1830, seraient annulées. La loi du 16 juin 1833 ordonna que toutes les ressources que l'amortissement tenait des lois antérieures fussent réparties, au marc le

franc et proportionnellement au capital nominal de chaque espèce de dette, entre les
rentes 5, 4, 4 1/2 et 3 pour 100. La même
loi voulut qu'à l'avenir tout emprunt, au moment de sa création, fût doté d'un fonds d'a-
mortissement réglé par la loi autorisant l'emprunt, fonds qui ne pouvait être au-dessous
d'un pour cent du capital nominal des rentes
créées.

L'amortissement fonctionna régulièrement
sur ces bases pour tous les fonds dont le cours
ne dépassait pas le pair, et les arrérages des
rentes rachetées, au lieu d'être annulés, du-
rent s'ajouter, pour chaque fonds, au capital
de la dotation. La foi, si cruellement trompée
depuis, que la France avait dans des institutions auxquelles elle a dû trente-trois années
de prospérité, de paix et de liberté, le crédit
toujours croissant de l'État, affermi par la
garantie d'un contrôle sérieux de l'administration de la fortune publique, élevèrent

bientôt le cours des fonds publics. Sauf de rares intermittences, tous les fonds, excepté le 3 pour 100, restèrent au-dessus du pair après l'avoir atteint[1]. Le 5 pour 100, après

1. La *Revue des Deux Mondes* du 1er janvier 1861 a publié un excellent article de M. Victor Bonnet sur *Les derniers budgets*. Un défenseur officieux du pouvoir, le *Constitutionnel* du 4 janvier, essayant d'en atténuer l'effet, s'est avancé jusqu'à dire : « *Le régime impérial est parvenu à faire fonctionner en partie l'amortissement que le Gouvernement de juillet avait* TOTALEMENT SUSPENDU. »

Voici la réponse à cette assertion :

Sauf en 1859 et en 1860, et pour 40 millions dans chaque exercice, *le régime impérial a complétement suspendu l'amortissement*, quoique le cours très-bas des fonds publics eût rendu son action éminemment profitable.

De 1830 à 1848, l'amortissement *n'a jamais cessé d'opérer* sur les fonds au-dessous du pair. Dans ces dix-huit années il a été racheté 19,013,602 fr. de rentes 3 pour 100, au capital de 643,985,002 fr. Jusqu'en 1834, époque à laquelle le 5 pour 100 dépassa le pair, il fut racheté 7,470,871 fr. de rentes 5 pour 100 au capital de 149,417,380 fr. L'amortissement fonctionna également pour le 4 1/2 et pour le 4 pour 100 toutes les fois que les cours le permirent; mais ces deux fonds ayant alors peu d'importance, les rachats restèrent au-dessous d'un million en intérêts, et de 25 millions en capital. (Voir *Compte général de l'administration des finances pour* 1859, pages 520 et suivantes).

1834, ne descendit plus au-dessous jusqu'en 1848. De là l'origine des *réserves* de l'amortissement formées de la portion de la dotation qui ne pouvait trouver son emploi.

Que ferait-on de l'accumulation de ces réserves? Le premier système auquel on s'arrêta fut de les conserver intactes, afin de redoubler la puissance de l'amortissement lorsque les rentes descendraient au-dessous du pair. — C'était appliquer dans toute sa rigueur le principe de l'intérêt composé inscrit dans la loi de 1833. Bientôt, cependant, les réserves dépassèrent 200 millions. On jugea excessif le résultat de ce respect absolu de la règle et une transaction intervint qui, tout en assurant l'extinction successive de la dette, permit de soulager les contribuables. Une partie des réserves fut appliquée aux travaux publics, dont elle forma le fonds extraordinaire, et la Caisse d'amortissement reçut des inscriptions de rentes en échange du capital ainsi employé; des lois spéciales prononcèrent successivement l'annulation de rentes provenant de la consolidation des réserves. Ainsi fut longtemps maintenue une balance équitable entre les droits et les intérêts du présent, les droits et les intérêts de l'avenir.

C'est dans cette voie que le gouvernement impérial avait paru vouloir rentrer, en 1859, après dix années d'interruption; il ne devait guère y persister. Deux ans ne s'étaient pas écoulés que l'amortissement était de nouveau complétement suspendu. En présence d'un déficit croissant, qui approche d'un milliard et qui approcherait de 1200 millions sans la soulte payée pour la conversion du 4 1/2 pour 100, en présence de la progression constante des dépenses dont on ne peut plus prévoir la limite, dans l'état troublé de l'Europe, avec l'incertitude de notre situation en Chine, avec la Cochinchine soulevée contre nous, déchirant les traités, assaillant perfidement nos forces trop réduites, avec les redoutables problèmes de l'expédition du Mexique, il est difficile, même en espérant que le fléau de nouvelles guerres nous soit épargné, de prévoir l'époque où l'amortissement exercera son action salutaire, rendue plus nécessaire que jamais par l'augmentation si rapide de la dette publique.

Lorsqu'on arrête son attention sur les résultats merveilleux dus au respect de la monarchie représentative pour l'amortissement, on ne peut, après avoir admiré les bienfaits de ce puissant moyen de libération, s'empêcher de regretter profondément que le gouvernement actuel de la France ne considère pas, à l'exemple de ses prédécesseurs, cette institution comme un dépôt sacré. A la rigueur, on comprendrait que les nécessités d'un temps de crise et de guerre eussent fait accepter momentanément un tel sacrifice ; mais, en réfléchissant à ce que serait aujourd'hui la dette publique sans la sagesse de nos devanciers,

tout ami du pays formera des vœux ardents
pour que la raison reprenne ses droits et que
l'exception ne se substitue pas définitivement
à la règle.

Au 1er avril 1814, le montant des rentes inscrites pour la
   liquidation des anciennes dettes de l'État et des pays
   réunis s'élevait à. . . . . 63,307,637 fr.

Depuis cette époque jusqu'au 1er janvier
   1862[1], les rentes créées pour les besoins du service représentent. . . . 504,792,858

Ce qui porte le total des rentes créées à. 568,100,495 fr.

Les rentes annulées comme ayant fait
   retour à l'État, par suite d'échanges,
   de remboursements et de réduction à
   divers titres, montent à. 71,175,182

Ce qui réduit les rentes créées à. . . . 496,925,313

Les rentes rachetées par la caisse d'a-
   mortissement ou provenant de la
   consolidation des réserves et succes-

                A reporter. . . . . 496,925,313 fr.

---

1. Voir le *Compte général de l'administration des finances*
pour 1861, page 475. C'est le dernier publié et c'est pour
cela que les calculs présentés ici s'arrêtent au 1er janvier
1862.

Report.	496,925,313 fr
sivement annulées s'élevaient, le 1er janvier 1862 à.	140,844,710
La somme totale des rentes inscrites ou à inscrire se trouvait ainsi réduite, le 1er janvier 1862 à.	356,080,603 fr.

Les consolidations opérées, depuis le 1er janvier 1862, ont porté le chiffre total, provisoirement inscrit au budget de 1864 pour le service des rentes de la dette publique, à 385,937,547 francs. Si donc l'amortissement, sous l'égide tutélaire des chambres, n'avait pas fonctionné pendant trente ans consécutifs, le total des rentes inscrites dépasserait 525 millions, et le budget de l'État se trouverait grevé annuellement d'une charge additionnelle de 140 millions [1].

---

1. Rentes rachetées directement par la Caisse d'amortissement. . . . . 80,950,700 fr.

Rentes rachetées par la Caisse des retraites pour la vieillesse. 1,510,608

A reporter. . . . . . 82,461,308 fr.

Depuis la création de l'amortissement en avril 1816 jusqu'au 1er juillet 1833, époque où fut mis en vigueur
le nouveau régime fondé par la loi du 10 juin de la
même année, le capital employé aux rachats a été
de. . . . . 1 262 171 490 fr.

Du 10 juin 1833 au 24 février 1848, le
cours de plus en plus élevé des
rentes restreignant les rachats,
qui ne devaient s'opérer qu'au-dessous du pair, ces rachats n'ont atteint que. 377,078,226

Capital total des rentes rachetées en
31 ans, de 1816 à 1848. 1,639,249,716
Dans les 15 ans écoulés de 1848 à 1862
les rachats ont été (en 1859 et 1860)
de. 53,979,458

Total général, en capital, des rachats
directs opérés par la Caisse d'amortissement. . . . . 1,693,229,174 fr.

Enfin il ne sera pas inutile de rappeler que,
de 1833 à 1848, les réserves de l'amortisse-

          Report. 82,461,308
Rentes provenant de la consolidation des
réserves de l'amortissement. 58,383,402

Total des rentes annulées par l'intermédiaire de la Caisse d'amortissement. . 140,844,710 fr.

ment, formées des fonds de la dotation que le
cours élevé des rentes ne permettait pas d'employer en rachats, ont procuré au Trésor une
ressource totale de 910 millions, dont 286
seulement ont été affectés aux dépenses générales des budgets. 182 millions ont été
consacrés aux travaux extraordinaires, et 442
millions à l'extinction des découverts du
Trésor de 1840 à 1847.

De 1848 à 1861, une somme totale de
1 milliard 413 millions appartenant à l'amortissement, et à laquelle, il faut bien le reconnaître, le cours des rentes n'aurait jamais empêché, comme par le passé, de laisser
sa destination, a été portée en recette aux
budgets [1].

Dans son rapport sur le budget de 1861,
M. le ministre des finances répétait ce qu'il

1. *Compte général de l'administration des finances* pour
1861, page 551.

avait déjà dit en 1857 : « Pour avoir tout
son effet, l'amortissement doit résulter d'un
excédant de recette positif. S'il en est autrement, les fonds qu'il absorbe produisent un
déficit dans le budget; ce déficit augmente la
dette flottante, et celle-ci aboutit, tôt ou tard,
à une consolidation en rentes; c'est-à-dire
que, dans ce cas, au lieu d'éteindre la dette
publique, l'amortissement tend à l'accroître,
avec perte pour le Trésor. »

C'est là une argumentation spécieuse et
sans solidité. Ce qui est vrai, c'est que l'habitude prise de porter en recette la dotation
et la réserve de l'amortissement donne une
facilité funeste pour l'exagération des dépenses.
La bonne administration consiste non pas à
élever, par toutes sortes de moyens et d'expédients, les recettes ou l'apparence des
recettes au niveau des dépenses, mais à
restreindre les dépenses dans les limites des
recettes réelles. Recourir à des emprunts réi-

térés, contractés parfois à des taux onéreux, et
disposer en même temps, pour faire face aux
dépenses ordinaires, des ressources destinées
par la prévoyance de ses prédécesseurs à l'extinction de la dette de l'État, c'est escompter
doublement l'avenir. Ni la justice ni la raison
n'exigent, sans doute, que la génération actuelle supporte seule tout le fardeau de dépenses dont profiteront les générations futures.
Les grands travaux d'utilité publique survivent
au présent; les guerres même peuvent être
fécondes lorsque, justement entreprises, elles
ont pour résultat un accroissement durable
d'influence ou d'utiles conquêtes; cependant
aucun gouvernement sage n'a rejeté sur
l'avenir la totalité des charges provenant de
ces deux causes.

La suspension prolongée de l'amortissement,
que des circonstances exceptionnelles pourraient seules justifier accidentellement, constitue une violation des droits des créanciers

de l'État. Ces créanciers ont dû compter sur les garanties que leur assurent les lois, garanties renouvelées formellement à l'émission de chaque emprunt. Vainement on objecterait l'exemple de l'Angleterre; cette objection serait sans application. Oui, l'Angleterre semble préférer, à l'amortissement pratiqué au moyen de rachats successifs et continus des effets publics opérés à la Bourse, la réduction de sa dette par l'affectation aux extinctions des excédants de recettes [1]. Au point de vue de la réduction de la dette, ce mode est également efficace sous une administration financière prévoyante et contenue par le parlement; il présente même l'avantage de ne pas peser également sur les situations bonnes ou mauvaises, sur les années de déficit comme sur les années d'excédants, ainsi que le ferait

1. On sait qu'une partie de la dette anglaise consiste en annuités dont l'amortissement s'opère de lui-même par des remboursements gradués.

notre système d'amortissement, s'il était rigoureusement appliqué, par le rachat des fonds au-dessous du pair jusqu'à concurrence de la totalité des ressources annuelles de la Caisse d'amortissement. Toutefois l'amortissement, tel qu'il a été conçu dans le système français, a un double but : contenir la dette publique, la réduire même, si faire se peut; soutenir le crédit public par le rachat incessant des titres lorsque le cours affaibli des rentes les fait affluer sur le marché. Les partisans du système anglais allèguent que ce système fonctionne mieux dans l'intérêt des contribuables; les défenseurs du système français font valoir en sa faveur, non-seulement les engagements pris par les lois qui ont constitué chez nous l'amortissement, mais encore les avantages que ce système offre aux créanciers de l'État dans un pays où les fluctuations de la Bourse sont plus fréquentes et plus marquées. Ce qui importe aux rentiers, c'est bien moins la sécurité qui peut résulter pour eux de la diminution de la dette de l'État que la valeur négociable de leur créance. Les détenteurs de rentes françaises ne craignent pas la banqueroute, mais il ne leur est pas indifférent de pouvoir, à toute heure, réaliser leur titre avec bénéfice ou du moins sans perte. Avec le développement du crédit public, qui suffit à assurer la facile négociation des titres, le système anglais offre assez d'avantages pour n'être pas légèrement condamné ; on comprendrait même qu'on cherchât à l'introduire chez nous. Il y aurait alors lieu de discuter contradictoirement et de changer la législation, si la convenance de ce changement venait à être démontrée. Mais tant que la loi existe elle doit être respectée et le premier exemple doit toujours venir du pouvoir.

La dette anglaise, d'origine bien plus ancienne que la nôtre, ne doit cependant son développement excessif qu'aux guerres de la

Révolution française et de l'empire. Cette dette, vers 1790, ne montait guère qu'à 3 milliards de francs. Les efforts gigantesques faits par l'Angleterre pour conserver la suprématie des mers, les subsides qu'elle prodigua à ses alliés élevèrent, en vingt ans, la dette publique à la somme colossale de plus de 25 milliards en capital, de plus de 800 millions en intérêts. A la même époque, c'est-à-dire à la chute de l'empire, la France, qui avait largement fait payer aux vaincus le prix de ses victoires, ne voyait figurer au grand-livre que 63 millions de rentes. Il est impossible de mettre au compte de la monarchie les emprunts qu'il fallut contracter pour payer la rançon de la France envahie. 100 millions des rentes de la dette publique n'ont pas d'autre origine. Si donc, au 31 juillet 1830, le total des rentes s'élevait à 202 millions (dont 37 millions appartenaient à la Caisse d'amortissement, la dette active ne dépassant pas

165 millions), on peut dire que la restauration ne laissait, de ce chef, aucune charge qui
lui fût propre, les réductions opérées au
moyen de l'amortissement et des conversions
ayant suffi pour compenser les créations de
rentes nouvelles et pour maintenir la dette
dans les proportions que lui avait données la
liquidation du passé. Au 1er mars 1848, le
total des rentes inscrites était de 244 millions;
mais celui des rentes actives n'était que de
176 millions, soit de 12 millions plus élevé
qu'en 1830. Pendant ces trente années, la
dette anglaise avait diminué. Des réductions
par conversions, par remboursements d'annuités, par applications d'excédants des budgets à la libération du Trésor public, avaient
fait descendre le capital au-dessous de 19 milliards, et les rentes annuelles à environ 700
millions.

De 1848 à 1862, l'Angleterre, qui a fait
l'expédition de Crimée, deux campagnes en

Chine et la guerre de l'Inde, n'a emprunté sous diverses formes qu'un peu plus de 1 milliard, et a opéré des réductions successives de sa dette pour plus de 600 millions. Dans ces même treize années, la dette française consolidée s'est élevée de 244 millions à 385 millions, et le chiffre des rentes actives est de 327 millions, au lieu de 176. De ce chef seulement, 151 millions de rentes annuelles se sont donc ajoutés aux charges publiques.

En résumé la dette anglaise est restée, depuis quarante ans, à peu près stationnaire, variant entre 19 et 20 milliards de capital nominal et entre 650 et 700 millions de rentes[1]. La

---

1. Je crois utile de placer ici le tableau de la dette anglaise, car on trouve rarement, dans les documents publiés en France, des renseignements exacts sur ce sujet. Il arrive même que quelques-uns de ceux qui parlent de la dette anglaise commettent des erreurs faute d'en bien connaître les éléments, ce qui les conduit à des comparaisons dont les termes manquent de justesse. En effet, si, pour se faire une idée précise de l'ensemble des charges de la dette du

nôtre, constamment maintenue entre 150 et 180 millions de rentes actives, de 1815 à 1848, portée à 230 millions par les quatre années de la république, est aujourd'hui de 327 millions de rentes actives, et de 385 millions en ajoutant les 58 millions des réserves de l'amortissement.   -

Royaume-Uni, il faut, à la dette anglaise, ajouter la dette irlandaise, il faut aussi ne pas confondre dans la dette, comme on l'a fait quelquefois ce qui figure sous le titre de charges des fonds consolidés (*Charges on consolidated fund*). Ce titre comprend, outre la liste civile, les pensions civiles et diplomatiques, les dépenses des cours de justice et divers autres services qui figurent, chez nous, soit au chapitre des dotations, soit à celui de la dette viagère, soit à divers chapitres des départements ministériels.

Voici le résumé des chiffres arrêtés au 31 mars 1862, d'après le compte financier imprimé en juin 1862 pour la chambre des communes. Les sommes sont traduites en francs, la livre sterling étant comptée pour vingt-cinq francs.

	Capital. fr.	Intérêts. fr.
Dette fondée de la Grande-Bretagne. ...	18.627,000,000	569.642.000
Annuités d'origine et de durée diverses.		49,403,000
Dette fondée d'Irlande	1,072,000,000	32,441,000
Annuités, etc.....................		76,000
Total des deux dettes au 31 mars 1862.	19,699,000,000	651,462,000

L'Angleterre, pendant que la France empruntait plus de trois milliards sous diverses formes, n'a pas hésité à demander aux impôts une grande partie des ressources extraordinaires des guerres de l'Inde et de la Chine et de la guerre de Crimée. Après avoir porté jusqu'à leur extrême limite les taxes de con-

DETTE NON FONDÉE.	Capital.	Intérêts.
	fr.	fr.
Les bons de l'échiquier en circulation s'élevaient au 31 mars 1862 à	412,947,000	12,750,000
Les dépenses qualifiées de *charges sur les fonds consolidés* étaient :		fr.
Liste civile	»	10,106,000
Annuités et pensions.................	»	7,824,000
Allocations et traitements divers........	»	3,896,000
Salaires et pensions diplomatiques.......	»	4,360,000
Cours de justice.....................	»	16,394,000
Charges diverses....................	»	5,0560,00
	»	47,636,000

Le budget anglais est partagé en trois grandes catégories : Dette = fonds consolidé = dépenses des services publics (*supply services*). Les dépenses totales de l'État se partagent ainsi entre ces trois catégories :

Dette publique fondée et non fondée.	665 millions.	
Fonds consolidé.	48	—
Services publics, armée, flotte, etc. . .	1,100	—
	1,813 millions.	

sommation, elle n'a pas reculé devant les
impôts les plus impopulaires plutôt que de
rejeter sur l'avenir les charges nécessitées par
des événements imprévus ou par les entreprises qui servaient les desseins de sa politique. Les gouvernements libres puisent dans
le concours de la nation la force nécessaire
pour faire accepter de tels sacrifices. Lorsque
les représentants du pays exercent·la principale influence sur ses destinées, l'intérêt public reste le mobile des grandes entreprises et
cette certitude donne à tous le courage d'en
supporter le fardeau.

Les gouvernements dans lesquels la responsabilité n'est pas partagée sont trop souvent guidés par d'autres motifs et subissent
d'autres nécessités. Un pouvoir unique, ayant
à répondre seul de ses résolutions et de ses
desseins, cherche, parfois, à les faire mieux
accepter en dissimulant et en ajournant les
conséquences onéreuses qu'ils doivent en-

traîner. Pour être vraiment digne de gouverner, il faut savoir dédaigner cette funeste
recherche de la popularité, ne reculer devant
aucune des rudes conditions du pouvoir, ne
sacrifier aux exigences du jour aucun des intérêts durables de son pays ; il faut avoir
l'ambition assez haute pour penser sans cesse
à la postérité et pour maintenir une juste balance entre ce qu'il est permis d'accorder au
présent et ce qu'il n'est pas permis d'enlever
à l'avenir.

CHAPITRE VI

OÙ SONT LES REMÈDES ET LES GARANTIES

CHAPITRE VI.

OÙ SONT LES REMÈDES ET LES GARANTIES.

J'ai terminé le résumé que je m'étais proposé de faire du long débat engagé, depuis dix
ans, entre le pouvoir qui veut conserver la
haute main sur le règlement des budgets et
une faible minorité luttant pour reconquérir
une partie des droits qui sont refusés au corps

19

législatif. D'honorables efforts ont été faits dès le début, tantôt au milieu d'une indifférence presque générale, tantôt avec l'appui d'une timide adhésion. Jamais, sous le régime impérial, les vrais termes de ce débat n'avaient été posés, dans l'enceinte législative, avec la netteté dont la discussion du 6 mars 1863 (sur les suppléments de crédits de 1862) a donné l'exemple. Jeté par les événements hors de la vie politique active, je me suis servi, depuis quelques années, de la seule voie qui me fut ouverte, celle de la presse, pour signaler les conséquences inévitables de l'omnipotence du pouvoir exécutif sur les finances. Je l'ai fait avec tous les ménagements que m'imposait le régime exceptionnel auquel la presse périodique est assujettie, mais cependant je n'ai jamais dissimulé que le retour aux formes et aux garanties protectrices des Gouvernements libres était le seul remède efficace au mal dont on se plaignait. J'éprouve

donc une satisfaction très-vive en voyant enfin cette conviction se produire au grand jour
de la discussion publique. Ce n'est qu'un premier pas, mais les suites en sont incalcu-
lables. L'exemple sera suivi, et les enseignements devenant de plus en plus pressants,
les efforts deviendront plus nombreux et plus
vifs, jusqu'à ce que le succès les couronne.

Quiconque veut trouver les moyens de sortir d'une situation difficile, doit commencer
par étudier la sphère dans laquelle il se meut
ainsi que les conditions diverses qui peuvent
soit aider, soit entraver la liberté d'action
collective ou individuelle. Rarement pareil
retour de chacun sur soi-même a été plus nécessaire. Nous vivons au milieu des apparences
de choses qui ont conservé leurs noms en
perdant leur réalité. Nous sommes, à ce qu'on
nous assure, placés sous l'égide des principes
de 1789, et à chaque pas nous nous heurtons
à des déviations et à des exceptions; excep-

tions légales et régulières, nous dit-on, dans leur irrégularité même. Soit; mais ces exceptions ne deviennent que plus graves en se généralisant. La presse périodique est placée sous un régime qu'une des plus hautes autorités de l'État a qualifié de *discrétionnaire* et d'*arbitraire;* la liberté individuelle est soumise aux restrictions et aux aggravations pénales de la loi dite de sûreté générale; la responsabilité politique ne pèse plus sur les agents du pouvoir et ne repose qu'en un lieu où elle ne peut être atteinte; les députés de la nation n'ont pas l'entière liberté du vote de l'impôt, puisqu'ils n'ont sur les dépenses qu'une action restreinte et soumise au contrôle d'une délégation du pouvoir exécutif. Ce serait donc se faire illusion, parce que nous avons des chambres et des journaux, que de croire à l'existence d'un Gouvernement représentatif ressemblant en quoi que ce soit à celui que la France a possédé pendant trente ans. La

constitution de 1852 a eu précisément pour
but d'établir toutes choses sur des bases différentes, et l'erreur ne vient que de ceux qui,
acteurs ou spectateurs, par habitude ou par
manque de réflexion, se laissent aller à penser et à tenter d'agir dans le présent comme
ils auraient agi et pensé dans le passé. Ils
s'exposent ainsi à se consumer en regrets stériles, en efforts impuissants et en reproches
injustes, car il ne faut demander aux institutions que ce qu'elles veulent donner, et à
ceux qui sont chargés de les appliquer que ce
qu'ils peuvent en tirer. Il est à désirer que le
corps législatif se pénètre de plus en plus de
ces vérités et qu'elles éclairent de plus en plus
le public par qui elles commencent à être
comprises. Le corps législatif, se rendant un
compte exact des limites que lui tracent ses
droits et de l'étendue de ses devoirs, n'entre-
prendra que ce qu'il peut accomplir, mais il
doit l'entreprendre avec résolution. Surpris

peut-être de voir combien une ferme indépendance lui donnerait encore de pouvoir, alors, mais alors seulement, après avoir fait tout ce qui dépendra de lui, il pourra ne se considérer comme solidaire que de ce qu'il n'aura pu empêcher. Tout le monde gagnera à ce que les choses restent dans leur vérité.

Le Corps législatif est-il en droit de décliner la solidarité de la situation actuelle des finances et de l'obligation constante où se trouve le gouvernement de recourir tantôt aux emprunts, tantôt aux aggravations d'impôts pour faire face aux besoins accumulés et croissants? C'est là une question que chacun des députés peut seul résoudre dans sa conscience. Il est certainement beaucoup de choses que le corps législatif n'aurait pu empêcher. Quelques-uns de ses membres ont donné d'excellents conseils, d'autres ont fait entendre des plaintes, parfois de vives et éloquentes protestations, mais si le Gouvernement a eu, dans de rares occasions, la prudente sagesse de retirer des projets de loi auxquels la majorité se montrait peu sympathique, je ne crois pas me tromper en disant que, depuis 1852, pas un vote négatif n'a écarté une loi défendue avec insistance par les organes du pouvoir. L'adhésion a donc été constante, inébranlable et presque unanime, si ce n'est dans quelques circonstances rares et solennelles où les consciences se trouvaient engagées. En faudrait-il conclure que le corps législatif a tout approuvé? Ce serait probablement aller trop loin, car on ne doit pas oublier que l'exercice de ses droits était fort entravé et qu'il ne pouvait guère les affirmer que par une de ces résolutions extrêmes telles que le rejet d'un budget ou d'une loi tout entière, résolutions devant lesquelles ont reculé parfois, en d'autres temps, des majorités décidées à ne plus continuer leur concours au ministère.

On a souvent rappelé le mot célèbre d'un

des meilleurs ministres des finances que la
France ait eus, mot devenu banal à force d'évidence, et qui attribue justement à la politique
une influence décisive sur la fortune publique.
Or aujourd'hui la politique échappe complétement à l'action parlementaire. C'est un
progrès aux yeux de certaines gens; mais,
en ce qui concerne les finances, la négation du
progrès peut être absolue, car les preuves sont
faites. Lorsque les décisions qui engagent tout
à la fois l'honneur et la fortune du pays dans
des aventures comme celle de la guerre du
Mexique peuvent être prises, lorsque des révolutions économiques d'où dépendent les
destinées de l'industrie, du commerce, de l'a-
griculture peuvent s'accomplir sans que le
corps législatif soit appelé à donner son avis,
autrement que par une phrase d'adresse, il
est évident que le pouvoir exécutif tient seul
en ses mains les ressorts de la gestion financière, qu'il peut ménager ces ressorts, les

tendre ou les briser; en fait, il dispose, sans contrôle, des finances de l'État. Il est très-vrai que le droit de faire les traités, celui de conclure les alliances, celui de déclarer la guerre ont toujours été attachés à la prérogative du souverain; mais, dans les monarchies tempérées, ces droits sont limités et contenus par la responsabilité ministérielle. S'agit-il de traités de commerce, l'obligation d'obtenir la sanction législative pour les modifications de tarifs est une garantie que la France a perdue, mais qu'elle rencontre chez ceux vis-à-vis de qui elle s'engage.

Sans opposer théorie à théorie, système à système, on ne fait que se rendre à l'évidence en reconnaissant que l'ancienne pratique du gouvernement représentatif associe, seule, la majorité des assemblées à la politique générale; car, parmi les actes du pouvoir exécutif, ceux même qui, constitutionnellement, ne donnent pas ouverture à une action ou à une

censure directe de la part des Chambres contre
les ministres, ne sont pas moins soumis indi-
rectement à l'assentiment prouvé par la continuation du concours. Si le concours fait
défaut, la couronne change ses conseillers ou
fait appel au corps électoral.

Lorsque, entre les ministres et les chambres
existent des rapports qui permettent une
action réciproque des uns sur les autres, qui
les unissent, pour ainsi dire, dans une solidarité morale et obligent le pouvoir exécutif,
non pas à être dépendant du pouvoir législatif, mais à conserver sa confiance et son
concours, des tempéraments deviennent nécessaires et des concessions sont faites de part et
d'autre. Aucun n'obtient tout ce qu'il désire,
mais aucun ne se voit enlever tout ce qu'il
souhaite conserver. Un gouvernement est parfois gêné dans ses projets, entravé, je l'accorde, dans le bien qu'il pourrait faire; mais,
par une juste compensation, il est protégé

contre plus d'une erreur, contre plus d'un
entraînement, et, ce qui est plus précieux
encore ; s'il garde la responsabilité de ses
actes, il partage avec les représentants de
la nation la responsabilité de la direction
générale imprimée aux affaires.

La constitution de l'empire a considérable-
ment changé les forces respectives des pouvoirs
et a établi sur d'autres bases les rapports entre
eux. Mais la constitution de 1852 n'est point
une charte immuable comme l'était celle de
1814, comme l'était aussi celle de 1830. Son
auteur a sagement prévu le cas où elle devrait
être modifiée, même dans ses bases les plus
essentielles ; les formes dans lesquelles des
changements pourraient être introduits ont
été réglées par les articles 31 et 32. Dans
maintes occasions, le chef de l'État a déclaré,
au milieu d'applaudissements unanimes, non·
seulement que la constitution était perfectible,
mais encore qu'elle devait être perfectionnée

et qu'il était désirable qu'elle le fût promptement. « *Il reste beaucoup à faire pour
perfectionner nos institutions* », disait-il,
dans le discours d'ouverture de la session de
1863. Nous sommes donc dans une époque
de transition, et, tout en réservant l'initiative
des changements soit au souverain soit au
sénat qui partage avec lui cette prérogative,
ceux que préoccupe la situation financière
ne peuvent s'empêcher de penser, et on ne
saurait leur refuser le droit de dire que les
rapports des ministres entre eux et les rapports des ministres avec les chambres sont les
points les plus importants à bien fixer. Les
hommes que la confiance du souverain place
à la tête de l'administration n'étant plus à la
tête du gouvernement, ne peuvent pas, à la
fois, conserver tous les droits, tout le pouvoir
des ministres d'une monarchie représentative
et être affranchis de leurs entraves, dispensés
de leurs obligations. Si les dépositaires du

pouvoir, lorsque la loi constitutionnelle du
pays les soumet à rendre compte aux chambres de leur gestion, peuvent, sans danger,
être investis d'une grande autorité et jouir
d'une certaine liberté d'action, ceux qui ne
sont que les instruments d'une volonté suprême et qui ne relèvent que d'elle seule,
doivent apporter à tous leurs actes une extrême circonspection, car ce ne sont point
eux que leurs fautes compromettent. Par suite
d'une confusion fâcheuse, la responsabilité,
ne trouvant pas à s'appliquer là où elle devrait se fixer, remonte en des régions où,
pour être sans sanction, elle n'est pas moins
pleine de périls, et le pays ne rencontre nulle
part les garanties qui lui ont été promises.

Dans l'examen théorique de ces grandes
questions, quelques esprits timides, assez
clairvoyants pour discerner un mal, mais pas
assez décidés pour appliquer résolûment le
remède, ont imaginé un système bâtard, qui

consisterait à avoir des ministres *responsables* quoique *non solidaires.* Il y aurait des *ministres* et pas de *cabinet.* Ce serait substituer, encore une fois, les apparences à la réalité, car la responsabilité politique résulte beaucoup plus de la solidarité que de la responsabilité personnelle. Il faut bien se garder de confondre la responsabilité civile avec la responsabilité politique. La responsabilité qui s'attache aux actes de malversation existe dans nos lois, et nul ne saurait y échapper; celle-là est essentiellement personnelle. Mais la responsabilité politique ne se divise guère, et il est rare qu'un acte de Gouvernement, de nature à encourir la censure des Chambres, n'engage et ne compromette qu'un seul des membres d'un cabinet. Pour citer un exemple récent, si, dans la discussion sur les crédits supplémentaires de 1862, un blâme énergique eût frappé l'irrégularité des dépenses faites sans ouverture de crédits, il

n'eût pas été juste de faire porter ce blâme
sur le seul ministre des finances. Son intérêt, son amour-propre d'auteur de la réforme dont le premier essai venait d'éprouver
cet échec, garantissaient assez qu'il avait dû
faire, au moins dans une certaine mesure,
des efforts pour prévenir ce qui s'était passé.
Peu de gens douteront que, si les besoins
imprévus eussent été examinés et les moyens
d'y faire face discutés en conseil, les ministres
s'éclairant l'un l'autre, on ne se fût arrêté à
un meilleur parti.

Il n'est pas nécessaire d'insister beaucoup
sur des considérations de ce genre pour montrer que la véritable responsabilité politique
est inséparable de la solidarité ministérielle.

Loin qu'on soit en droit de traiter en ennemis ceux qui discutent avec convenance de
si grands intérêts, on doit respecter l'usage
qu'ils font de la liberté qui leur est encore
laissée. Ils ne sont pas, sans doute, de ces

approbateurs systématiques qui n'avouent les
erreurs que quand il est trop tard pour en
prévenir les conséquences, mais ils ne sont
pas davantage des adversaires aveugles. Ils
appartiennent à cette école, formée au milieu
de nos révolutions, qui, dans le naufrage
successif de tant de gouvernements, place
les principes qu'elle professe, les droits de
la nation qu'elle veut défendre, les intérêts
généraux qu'elle veut sauvegarder, au-dessus des noms et des formes de gouvernement surtout au-dessus des questions de personnes. Sous tous les régimes c'est un devoir et un honneur que de rester fidèle aux
grands principes qui forment la base du droit
civil et politique des sociétés modernes. Ces
principes sont inscrits au préambule de la
constitution de 1852; ils garantissent l'égalité devant la loi, les libertés religieuses,
civiles et politiques de la nation, sa participa-
tion active au Gouvernement, le contrôle effi-

cace de ses représentants sur l'administration de la fortune publique. Depuis plus de dix ans l'application de ces principes est restreinte ou suspendue, mais des promesses réitérées, dont il serait injurieux de mettre en doute la sincérité malgré le fréquent contraste des actes et du langage, semblent garantir un prochain adoucissement dans le régime exceptionnel que ces promesses autorisent à considérer comme un régime de transition.

Les espérances légitimées par l'autorité de la plus haute origine viennent d'être récemment ravivées grâce au discours adressé, le 25 janvier 1863, aux Français qui ont pris part à l'exposition de Londres. Reconnaissons toutefois que la liberté anglaise, dont nous sommes si loin après en avoir été plus près, offerte comme but à nos aspirations (très-platoniques encore), ne peut nous présenter un modèle à suivre en toutes choses. Trop de motifs s'opposent à ce que l'imitation soit complète, et on ne s'est que trop souvent trompé en croyant trouver des exemples là où il ne faut chercher que des enseignements. Ceux qui admirent le plus l'Angleterre, ceux qui lui rendent le plus de justice, sachant combien l'organisation sociale, le caractère et les mœurs des deux pays diffèrent, ne peuvent avoir ni l'espoir, ni le désir de lui tout emprunter. Tâchons d'acquérir son amour et son intelligence de la liberté, son respect de toute supériorité légitimement conquise, sa soumission aux lois; mais restons convaincus, afin de ne pas nous diviser et nous égarer dans nos efforts, que nous pouvons puiser, dans le génie national et dans notre propre histoire, assez d'inspirations généreuses et d'utiles leçons pour diriger notre marche vers un meilleur avenir.

NOTES

NOTES.

A

NOTE SUR LA DETTE FLOTTANTE.

(Page 248.)

L'étude que je publiai, en 1862, sous le titre de *la Réforme financière*, parut dans la *Revue des Deux Mondes* du 15 février; le *Constitutionnel* du 27 mars contenait l'article suivant :

« Nous rappelions ce matin que la dette flottante du gouvernement de Juillet du 24 février 1848, s'élevait réellement à 900 millions, c'est-à-dire presqu'au même chiffre que la dette flottante actuelle, si l'on fonde la comparaison sur des éléments identiques. Ce n'est pas la première fois que nous articulons ce fait, qui, d'ailleurs, a été plusieurs fois reproduit dans des documents officiels. Il a été cependant constaté dans l'un des derniers numéros de la *Revue des Deux Mondes*.

« L'auteur d'un article sur la réforme financière, inséré dans ce recueil, rappelle que, d'après les comptes généraux de l'administration des finances eux-mêmes, la dette flottante au 1er janvier 1848 était seulement de 630 millions, tandis que, suivant l'exposé financier du 22 janvier dernier, elle serait aujourd'hui de 963 millions susceptibles encore d'accroissements, ajoute l'auteur de l'article, par suite des dépenses considérables qui s'acquittent journellement.

« Il est parfaitement vrai que la dette flottante au 1er janvier 1848 ne s'élevait en fait qu'à 630,793,609 francs, et que les émissions de bons du Trésor ou autres circonstances survenues du 1er janvier au 24 février la portaient, au moment de la révolution, comme l'auteur de l'article le reconnaît, à environ 700 millions. Les exposés financiers auxquels cet article fait allusion n'ont jamais dit le contraire, et ils ne le pouvaient pas,

puisque le chiffre de 630 millions est écrit dans
les comptes publiés annuellement par l'administration des finances. Mais voici ce qu'on a dit :

« Sous le Gouvernement de Juillet, le Trésor avait
« eu, dans sa dette flottante, jusqu'à 264 millions
« de fonds appartenant aux Caisses d'épargne. On
« avait jugé convenable alors d'en consolider pour
« 202 millions dans les emprunts dont le pro-
« duit était affecté aux travaux extraordinaires.

« Sans blâmer cette opération, qui pouvait être
justifiée par les considérations financières de l'é-
poque, et qui a d'ailleurs été autorisée législative-
ment, on est fondé à faire remarquer que si elle
n'eût pas eu lieu, la dette flottante, au moment de
la révolution de février, eût été de 902 millions,
ou bien, en renversant la proposition, que si le
gouvernement d'aujourd'hui, usant du même procédé, consolidait les 200 et quelques millions dont
il est dépositaire pour le compte des Caisses d'é-
pargne, sa dette flottante, évaluée au maximum
de 963 millions, descendrait au plus à 763 millions, et ne dépasserait ainsi que de 50 à 60 millions la dette de 1848 ; qu'en d'autres termes si
l'on rend les deux dettes rationnellement compa-
rables soit en ajoutant d'un côté, soit en défalquant
de l'autre un élément identiquement semblable,

qui aurait pu être envisagé de la même manière
sous les deux régimes, les dettes flottantes de 1848
et de 1862 ne sont pas sensiblement différentes.

« C'est là le seul point qu'on ait cherché à établir.

« Il n'est pas inutile d'ajouter, cependant, que
le chiffre de 963 millions, rappelé par l'auteur de
l'article, n'est pas celui de la dette flottante actuelle ; c'est celui des découverts des budgets,
y compris l'évaluation de celui de 1861 *non encore*
réalisé. Cet ensemble de découverts n'est pas dès
lors susceptible de s'augmenter, comme on le pré-
tend, par l'effet des dépenses qui s'acquittent en
ce moment sur les exercices en cours d'exécution,
puisque, on le répète, ces dépenses sont comprises
dans l'évaluation de 963 millions, et qu'elles ne
pèseront sur le Trésor qu'à l'expiration de l'exercice 1861.

« En fait, la dette flottante n'était, au 1er février
dernier, que de 898 millions.

« La *Revue des Deux Mondes* fait encore une autre
remarque : le Trésor avait, dit-elle, dans son portefeuille de 1848 des valeurs à recouvrer, consti-
tuant un actif qu'il faudrait porter au crédit de la
dette flottante, car, pour faire des comparaisons,
il faut au moins prendre la situation dans son
ensemble.

« A cela, il est facile de répondre :

« 1° Que les valeurs à recouvrer possédées par le Trésor dans son portefeuille, soit qu'elles proviennent d'effets de commerce, soit qu'elles se composent de traites et obligations des redevables de l'État, représentent des recettes déjà réalisées ou à réaliser au profit des budgets ; que quoiqu'elles figurent, en effet, dans l'actif du Trésor, et qu'elles puissent venir, dans certaines circonstances, en aide à son service, leur encaissement *successif* se traduit par une simple conversion de valeurs dont l'effet est d'augmenter les encaisses en numéraire, et d'entretenir ainsi le fonds de roulement nécessaire au service de la Trésorerie, sans qu'il y ait lieu, en aucun cas, sauf celui d'une liquidation générale, d'en diminuer la dette flottante.

« 2° Que si l'on voulait absolument établir cette compensation, la comparaison des deux dettes flottantes de 1848 et de 1862 en deviendrait plus favorable à cette dernière, car lorsqu'on trouve dans la situation des finances au 1er janvier 1848 (page 404 du compte des finances de 1847) pour 55 millions de valeurs en portefeuille, on en constate pour 109 millions dans la situation de la caisse centrale du Trésor au 1er janvier 1862. La dette *actuelle* serait donc affaiblie de 54 millions de plus.

« Ces explications suffiront, on l'espère, pour
lever les doutes que les réflexions de l'article dont
il s'agit auraient pu faire naître dans le public. »

Je répondis, le lendemain 28, au rédacteur en
chef du *Constitutionnel* :

« Monsieur,

« Le *Constitutionnel* du 27 de ce mois contient
un article dans lequel, sans que je sois nommé,
sont discutés les chiffres et les opinions d'une
étude sur les finances, signée de moi et insérée
dans la *Revue des Deux Mondes* du 15 février.
La critique du *Constitutionnel*, je me plais à le reconnaître, est d'une parfaite convenance, et il serait à désirer que cet exemple fût suivi toujours
et partout. Mais si je ne puis songer à me plaindre,
je me crois autorisé, moins pour ma défense personnelle que dans l'intérêt de la vérité, à fournir
la preuve de mes assertions, et j'ai été assez clairement désigné pour que votre loyauté ne me refuse
pas ce droit.

« Le sujet est, d'ailleurs, d'un grand intérêt;
il a été souvent traité sans que la controverse pa-
raisse épuisée; il y a donc avantage pour tout le

monde à ce que la question soit, s'il se peut, définitivement éclaircie.

« Le *Constitutionnel* reconnaît l'exactitude de mon énonciation du chiffre de la dette flottante à 630 millions, au 1er janvier 1848, et de mon évaluation à 700 millions au moment de la révolution de février. Il déclare « ne pas blâmer l'opération par « laquelle le gouvernement d'alors a consolidé en « rentes pour 202 millions de fonds appartenant aux « Caisses d'épargne, » mais il croit juste, pour comparer la dette flottante de 1848 à celle de 1862, soit d'augmenter la première de ces 202 millions, soit de diminuer la seconde d'une somme semblable que le Gouvernement actuel aurait également pu consolider. En raisonnant ainsi, le *Constitutionnel* se croit fondé à dire que la dette flottante de 1848 serait portée à 902 millions, au lieu de 700 millions, ou que celle de 1862 serait réduite à 761 millions au lieu de 963 millions.

« Je ne puis admettre cette prétendue rectification. Ce que l'État emprunte, ou ce qu'il reçoit en dépôt, il le doit sous un nom ou sous un autre. La dette flottante, lorsque les circonstances le permettent, peut toujours être en partie transformée et convertie en dette consolidée; mais, tant qu'elle n'a pas subi cette transformation, elle reste la

dette flottante, elle en garde le nom et le caractère.
J'ai pris soin de faire ressortir, dans l'article de
la *Revue des Deux Mondes* cité par le *Constitu-*
tionnel, qu'une consolidation de ce genre, facile
pour un Gouvernement qui n'a pas, en dix-huit
années, augmenté la dette fondée de 12 millions
de rentes, est moins aisée à accomplir pour celui
qui a, dans l'espace de dix ans, inscrit au grand-
livre près de 100 millions de rentes nouvelles.
Cela est si vrai, qu'en 1847 le Gouvernement avait
emprunté 250 millions pour réduire une dette flottante qui n'était pas alors de 630 millions, tandis
que M. le ministre des finances, quoique cette
dette soit aujourd'hui de près d'un milliard, a
mieux aimé recourir à d'autres moyens.

« En dressant le bilan de la monarchie constitutionnelle au jour de sa chute, je ne pouvais faire
figurer, tout à la fois, les versements des caisses
d'épargne, à la charge de la dette consolidée sous
forme de rentes, et à la charge de la dette flottante,
sous forme de capital. C'est cependant à cela qu'a-
boutit l'argumentation que je combats. En outre,
l'auteur de l'article semble avoir oublié que si l'on
ajoute au chiffre de la dette flottante de 1848 le
capital des consolidations opérées en 1837 et en
1845, il faut nécessairement agir de même à l'égard

des découverts actuels ; il faut, comme l'a fait
M. le ministre des finances dans son Mémoire,
joindre au milliard de découverts les diverses
consolidations énumérées par lui : 100 *millions
d'augmentation du capital de la Banque ; 135 millions de la Caisse de la dotation de l'armée ; 132 millions d'obligations trentenaires* [1], etc. Je n'ai pas
voulu faire le compte de cette manière ; on n'aurait
pas manqué de me le reprocher ; mais je répète
que si l'on procède ainsi pour 1848, il faut le faire
aussi pour 1862. Le bilan général des deux époques
ne sera pas affecté ; il n'y aura de changées que les
proportions relatives de la dette flottante et de la
dette fondée. Le service annuel des intérêts des
diverses branches de la dette publique proprement
dite et de l'amortissement, qui ne réclamait en
1847 que 380 millions, ne figurera pas moins au
budget de 1863 pour plus de 620 millions (sans
les chapitres de la liste civile et des Chambres qui
sont de 35 millions, au lieu de 15 millions).

« Le *Constitutionnel* trouve une erreur dans mon
assertion, que le chiffre des découverts est destiné
à s'augmenter. Je voudrais partager sa conviction,

---

1. C'était le chiffre des émissions au moment où parut le mémoire de M. Fould.

mais la mienne est absolument contraire, et je ne fais aucun doute que les prévisions de dépenses pour l'expédition de Cochinchine et pour celle du Mexique ne soient de beaucoup dépassées. Je n'insiste pas, l'événement seul pouvant prononcer sur ce point.

« Les deux derniers paragraphes de l'article auquel je réponds me semblent dictés par un malentendu, car ils combattent, en me les attribuant, des idées que je n'ai point émises. Je n'ai pas fait porter mon examen *sur les valeurs de portefeuille du Trésor, traites, obligations des redevables de l'État*, etc. Le Trésor a et doit avoir, cela est évident, des valeurs disponibles destinées à faire face aux besoins courants du service, et qui sont comprises dans la prévision de ses besoins ; le Trésor a ou peut avoir d'autres valeurs ou créances, non immédiatement réalisables, qui sont une réserve et une ressource pour l'avenir.

« Cherchant à embrasser d'un seul coup d'œil la situation financière d'alors, j'ai dit que, pour faire des comparaisons justes, il fallait les faire complètes. Je ne m'occupais donc pas de la dette flottante seule lorsque je faisais entrer en ligne de compte *l'actif à recouvrer*, et, pour mieux expliquer ma pensée, j'ai cité entre autres valeurs, 159 millions dus à l'État, en 1848, par les compagnies de chemins de fer. Ces 159 millions n'étaient que le remboursement d'une faible partie des dépenses faites pour les travaux publics par un Gouvernement qui y a consacré plus d'un milliard et demi.

« Je m'arrête, monsieur, après avoir rectifié les faits ou rétabli ma pensée. Permettez-moi seulement de rappeler que je n'ai pas volontairement soulevé cette discussion rétrospective. Je n'ai fait, dans la *Revue des Deux Mondes*, que signaler, une fois de plus, une erreur souvent reproduite dans des documents officiels, quoique souvent réfutée. Les discussions de ce genre ne sont pas, toutefois, inutiles ; car, comme l'a dit M. Magne au Corps législatif, dans la séance du 18 mars 1861 : « Les « finances de l'État ne peuvent être appréciées qu'à « un point de vue comparatif ; il n'y a rien d'ab- « solu dans la situation financière d'un pays ; « on ne peut savoir si elle est bonne ou mauvaise « qu'en la comparant, soit à une autre époque dans « le même pays, soit avec d'autres pays.

« Recevez, etc.,

« CASIMIR PERIER. »

Le *Constitutionnel* refusa l'insertion de cette lettre qui fut publiée par *le Temps*.

B

Crédits supplémentaires de 1863.

Ce volume était livré à l'impression lorsqu'a été présenté au Corps législatif, dans la séance du 31 mars, le projet de loi sur les suppléments de crédits de 1863. Ces suppléments s'élèvent pour le budget ordinaire à. . .   44,467,453 fr. 50 c.
et pour le budget extraordi-
naire à. . . . . : . .   88,129,526   60

Total. . . . 132,596,980 fr. 10 c.

Dans ce total sont compris 5,675,000 fr. anté-rieurement accordés par des lois spéciales. Le budget des dépenses ayant été
voté à. . . . .   2,091,805,662 fr.
si on y ajoute.   132,596,980

on arrive à un total de. . . .   2,224,402,642 fr.

de sorte que, dès la fin du premier trimestre, se trouve vérifiée mon assertion que le budget de 1863 dépasserait de deux milliards deux cents millions, en déduisant même des suppléments de crédits une somme d'environ 19 millions qui représente l'accroissement de la dotation de l'amortissement par suite de la conversion du 4 1/2 pour 100 et des obligations trentenaires en 3 pour 100 [1].

Il est malheureusement impossible de douter que les neuf derniers mois de l'exercice ne grossissent encore les mécomptes.

L'excédant du budget primitif de 1863 (8,360,041 fr.), les annulations de crédit (environ 20,000,000 fr.), les plus-values sur les prévisions de recette (dont 79,000,000 fr. pour les contributions indirectes) et la suspension de l'amortissement (qui permet de faire figurer aux recettes tout l'accroissement de la dotation) rétablissent la balance entre les recettes et les dé-

---

1. Aux termes de la loi sur l'amortissement la dotation doit être de 1 pour 100 du capital nominal, et la transformation du 4 1/2 et des obligations trentenaires en rentes 3 pour 100 ayant augmenté de près de 50 pour 100 le capital nominal des rentes converties, il a fallu augmenter la dotation d'autant de millions qu'il s'est ajouté de centaines de millions au capital nominal de la dette. La suspension complète de l'amortissement rend d'ailleurs ce compte tout à fait fictif.

penses. L'exposé des motifs exprime une complète satisfaction de ce résultat. Il y a malheureusement beaucoup à dire à l'encontre. En premier lieu rien ne garantit que l'imprévu, jouant
son rôle habituel, n'ajoutera pas de nouvelles
charges à celles qui sont prévues par le projet. Ce
serait la première fois depuis longtemps que les prévisions faites, au début d'un exercice, ne seraient
pas démenties par l'événement. En second lieu la
plus-value si considérable des recettes autorise
à penser que les évaluations en ont été volontairement fixées trop bas. La bonne administration ne
comporte pas plus de grandes erreurs dans les
prévisions de recettes que dans les prévisions de
dépenses. S'il devait y avoir un excédant de plus
de 80 millions dans les recettes et qu'aucuns besoins exceptionnels ne fussent venus absorber cette
plus-value on aurait eu lieu de regretter d'avoir
fait peser sur les contribuables le fardeau de nouveaux impôts. Ce ne sont pas des excédants dont
il y ait lieu de s'applaudir que ceux qui sont dus
à des aggravations de charges. En portant les dépenses ordinaires au maximum et les recettes au
minimum il est toujours facile de se préparer des
excédants; et ce qui arrive prouve de quel poids
pourraient être soulagés nos budgets si l'emploi de

la fortune publique trouvait quelque part un frein salutaire, si les exigences d'une politique affranchie de tout contrôle ne venaient pas, sans cesse, escompter, en les dépassant, les progrès du revenu.

Des excédants obtenus, à la fois, par des taxes nouvelles et par des évaluations insuffisantes sont un véritable péril lorsqu'on s'en prévaut pour déclarer que « les ressources de la France sont inépuisables. » Avec des raisonnements de cette force et des dispositions de ce genre la France doit s'attendre à voir croître indéfiniment ses charges et le plus clair de ses épargnes se fondre en dépenses stériles.

FIN.

PARIS. — IMPRIMERIE DE CH. LAHURE
rue de Fleurus, 9

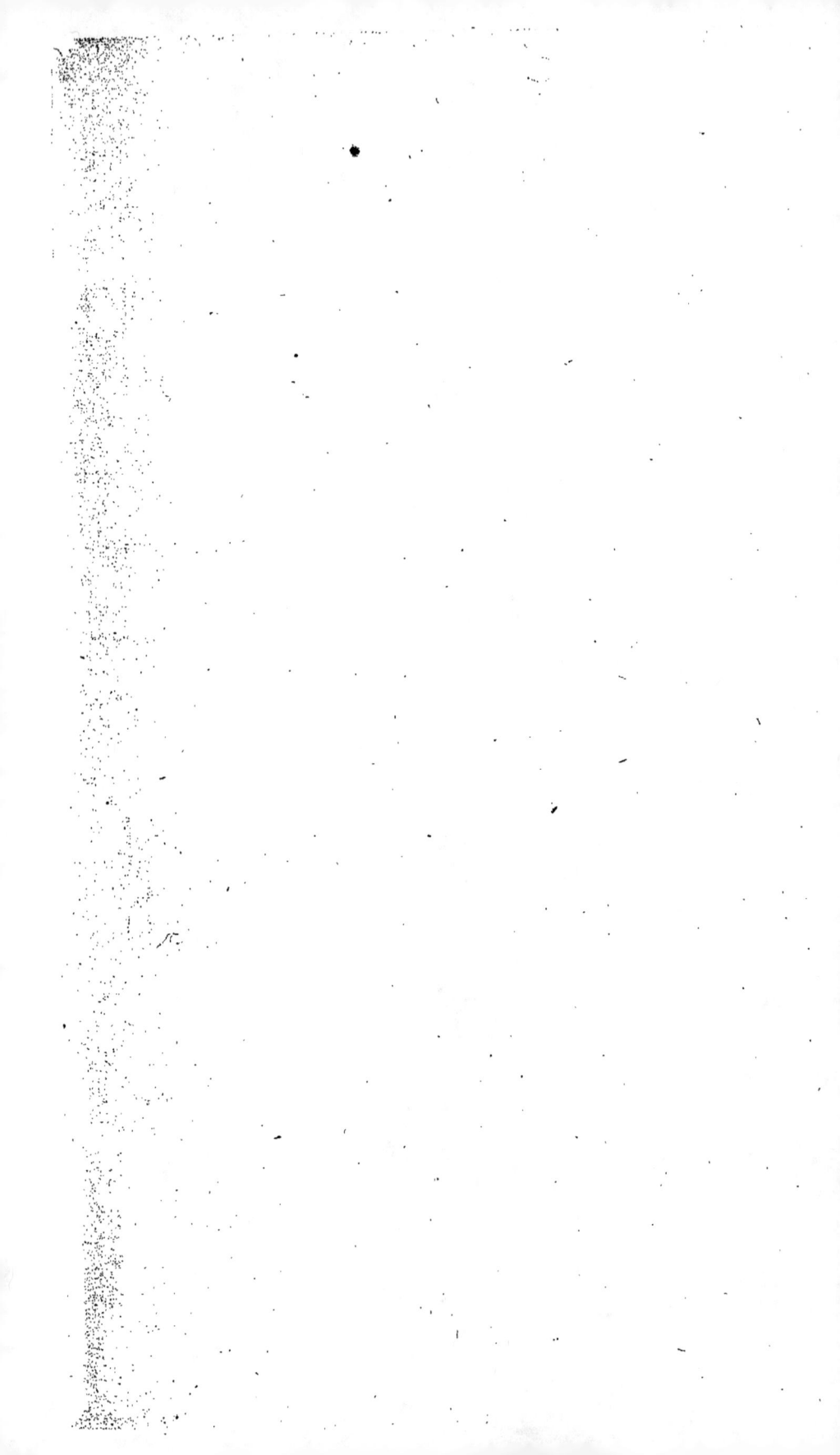

www.ingramcontent.com/pod-product-compliance
Lightning Source LLC
Chambersburg PA
CBHW071622270326
41928CB00010B/1737